Tout ce
que vous avez
toujours voulu savoir
sur le sexe
sans jamais oser
le demander

Du même auteur

DANS LA MÊME COLLECTION

Dieu, Shakespeare et Moi

Pour en finir une bonne fois
pour toutes avec la culture

Destins tordus

A PARAÎTRE

Hannah et ses sœurs

Woody Allen

Tout ce que vous avez toujours voulu savoir sur le sexe sans jamais oser le demander

inédit

TRADUIT DE L'AMÉRICAIN
PAR MICHEL LEBRUN

Éditions du Seuil

COLLECTION DIRIGÉE PAR NICOLE VIMARD

EN COUVERTURE : Photo Brian Hamill/
Photoreporters Inc. Droits réservés.

Titre original : *Everything you always want to know about sex but were afraid to ask.*
Screenplay, by Woody Allen.

Toutes les illustrations sont reprises
de l'édition allemande.

ISBN 2-02-012022-4.

UNITED ARTISTS ENTERTAINMENT
FROM TRANSAMERICA CORPORATION

Une production Jack Rollins - Charles H. Joffe et Brodsky-Gould.

(Les mots jaillissent les uns après les autres, chacun occupant la surface entière de l'écran :)

tout
ce
que
vous
avez
toujours
voulu
savoir
sur
le
sexe*
* sans jamais oser le demander

DÉBUT MUSIQUE

Une foule de lapins blancs frétillants emplissent l'écran. Sur cette image se déroule le générique :

woody allen - john carradine - lou jacobi
louise lasser - anthony quayle - tony randall
lynn redgrave - burt reynolds - gene wilder

Les lapins batifolent.

jack barry
elaine giftos
toni holt
robert q. lewis
heather macrae
pamela mason
sidney miller
regis philbin
titos vandis

Un lapin fronce le nez.

stanley adams - oscar beregi
alan caillou - don chuy - dort clark
erin fleming - geoffrey holder
baruch lumet - tom mack - jay robinson
ref sanchez - robert walden - h.e. west

Les lapins blancs se chevauchent.

directeur de la photographie : david m. walsh

CHANTEUR

Nous voilà cool
Loin de la foule :
Nul indiscret
Pour déranger...
Soyons osés !

directeur de production : dale hennesy

Les lapins frétillent.

CHANTEUR

Tes yeux fripons
Pervers me font ;
C'est contagieux
Soyons vicieux !

Les lapins se mélangent.

premier assistant réalisateur : fred t. gallo
deuxième assistant réalisateur : terry m. carr
supervision du scénario : karen wookey
secrétaire de production : teresa stokovic
direction des transports : joe r. sawyers
publicité : carol shapiro
distribution des rôles : marvin paige
coordination des décors : wallace graham
coordination des extérieurs : brian frankish
assistants à la production : henry polonsky
howard storm
tony encarnacion
joel marrow

Plusieurs lapins froncent le nez.

CHANTEUR

Quand Adam Ève aima
Cocuage point ne pensa.
Il ne vit pas de trahison
Dans ces pommes hors saison !

Faisons les fous !
Le printemps, dit-on,
Excite les oisillons ;
Imitons les piverts :
Soyons pervers !

décorateur : marvin march
chef régisseur : barry bedig
supervision des costumes masculins : arnold m. lipin
supervision des costumes féminins : fern weber
maquillage : paul stanhope jr.
directeur de la photo : wilbur gossman
chef électricien : joseph smith
chef accessoiriste : richard moran
mixage sonore : jack solomon
réenregistrement : al gramaglia
magno recording studios
enregistrement de la musique : phil ramone
a & r studios
optique : harvey plastrik

CHANTEUR

Fais-moi des horreurs
C'est à ton honneur !

Les lapins s'en donnent à cœur joie.

chef monteur : james t. heckert
titres dessinés par : norman gorbaty
montage film : eric albertson
montage son : john strauss
assistant monteur : jonathan bernstein

FONDU ENCHAÎNÉ SUR

d'après le livre
tout ce que vous avez toujours voulu savoir sur le sexe*
*sans jamais oser le demander
par le dr david reuben

couleurs by deluxe general
copyright © united artists corporation
MCMLXXII tous droits réservés
caméras panavision
extérieurs par cinémobile

CHANTEUR

Soyons osés !

Tous les lapins blancs s'activent.

musique composée
et dirigée par
mundell lowe

CHANTEUR

Soyons osés !
Donne-toi de la peine,
Et tu seras la reine
De l'année prochaine !
Bébé,
Soyons osés !

producteur associé : jack grossberg
producteur exécutif : jack brodsky
produit par : charles h. joffe
écrit pour l'écran
et dirigé par woody allen

CHANTEUR

Soyons osés !

NOIR

Les aphrodisiaques sont-ils efficaces ?

Intérieur, salle à manger du château.

Dans la salle d'apparat, le roi, la reine et les courtisans festoient autour de la table. Mastications et murmures joyeux. Le roi se penche vers la reine.

LE ROI : Ma foi, une excellente bombance. Bientôt, nous nous retirerons dans la chambre royale. Mais d'abord, puisque cette semaine j'ai été victorieux au combat…
TOUS : Gloire ! Honneur ! Bien parlé !
LE ROI : … je veux être diverti. Qu'on m'envoie mon fou.

Des trompettes résonnent, et le fou s'avance, portant devant lui une marotte à son image garnie de grelots. Il exécute une révérence.

LE FOU : Majestés en délire, bonsoir ! Ah ! c'est epatant de se retrouver ici au Palace, euh, au palais. Tenez, vous savez ce que c'est qu'un palais ? Vingt-quatre chambres et une oubliette !

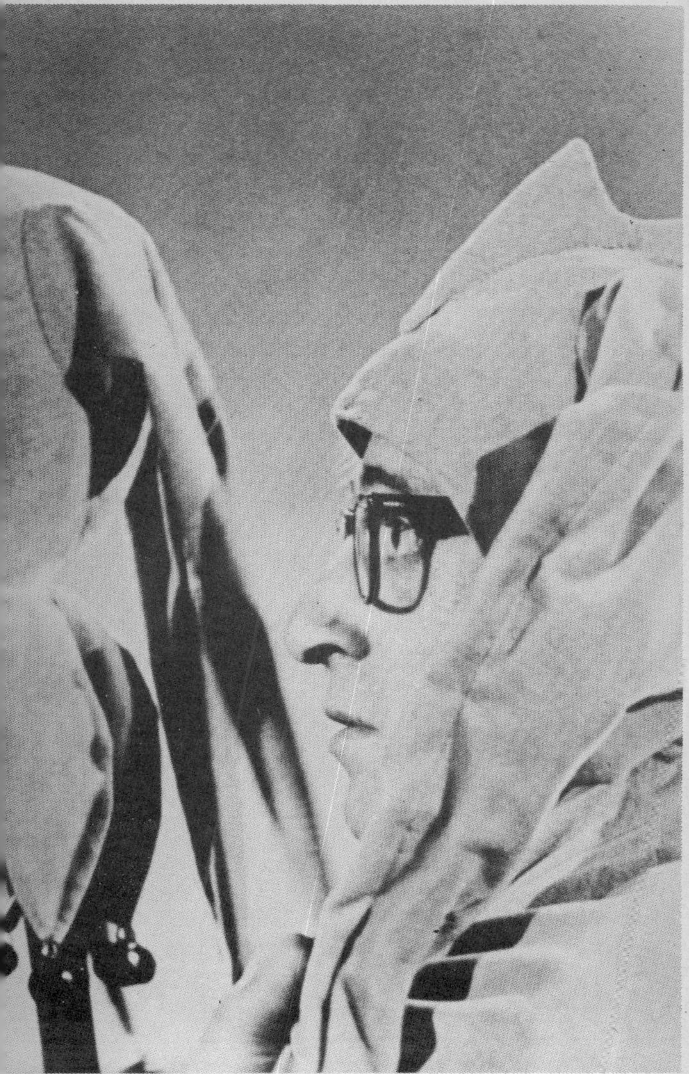

Pour susciter des rires, le fou agite les grelots de sa marotte. En vain.

LE FOU : Blague à part, j'aime le roi. C'est l'homme le plus fort de l'assistance, pas vrai ? Il est le seul parmi nous qui puisse traverser les douves à la nage... dans le sens de la longueur !

Silence. Le fou attend des réactions, secoue ses grelots.

LE FOU : Oh ! je sais que vous êtes là !... Je vous entends respirer. Sans rigoler, Vos Sieurs et Vos Dames, je tiens à vous dire que... euh... La peste, c'est vraiment un sale truc, pas vrai ? C'est noir, ça rend boudeur, d'ailleurs, ça vient de l'étranger... d'où l'expression « boude à peste ». *(Il rit, il est le seul.)* Non, ne riez pas tout de suite, gardez-moi ça pour la fin... un grand rire franc et massif...

Un molosse qui rongeait un os se lève, comme accablé d'ennui, et s'éloigne.

LE FOU : J'adore le nouvel exercice que Sa Majesté fait pour garder la forme. Ça s'appelle « imposer les paysans », hi, hi !

Le roi se lève et, marchant sur la table, vient empoigner le fou par son pourpoint.

LE ROI : Je ne peux plus supporter ça ! C'est... J'ai déjà pourfendu des hommes pour des plaisanteries plus drôles que ça !
LE FOU : Mais, Sire...

LE ROI : Trouvez-moi un fou vraiment bouffon ! Partez tous, la fête est finie ! Ce fou est sinistre ! Disparais ! Sors d'ici, je te l'ordonne !

Tournant le dos au fou, les dîneurs quittent la salle. Il est désespéré mais continue son numéro.

LE FOU : Je fais aussi des imitations qui vous plairont sûrement... Vous savez, je suis l'un des seuls artistes à pouvoir imiter le roi de France. Pas sa voix, sa démarche. Vous l'avez peut-être remarqué, il fait un drôle de mouvement en marchant. Vous voyez, un petit déhanchement, il a une espèce de... de... Alors, quoi, ça ne vous fait pas hurler d'enthousiasme ? Riez pas tous à la fois !

Extérieur, nuit, les jardins du palais.

La reine traverse les jardins ; le fou surgit au détour d'une haie ; la reine a un sursaut de surprise.

LA REINE : Oh ! que fais-tu là, fou ?
LE FOU : Pardonnez-moi, Ma Dame, d'avoir pris la puberté...
LA REINE : Quelle audace ! Vois, tu as fait tomber la broche royale de rubis et d'émeraudes !
LE FOU : Après m'être ramassé, je la ramasse et, voyez, je vous la replace en bonne place, là où ça fait masse...
LA REINE : Épingle et ne pique pas.
LE FOU : Oui, bombez, Ma Dame, et voilà que, céans, sur les pare-chocs, ça pend bellement.

Il lui empoigne les seins à pleines mains. Elle sursaute.

LA REINE : Ai-je bien senti ? Ai-je vraiment senti ce que firent tes mains de vilain sur mon royal vallon ? Un pinçon ?
LE FOU : Oh ! Ma Dame, hum, pas moi ! Je n'oserais porter les mains sur les royales tomates...
LA REINE : Tomates ?
LE FOU : ...forcies. Tomates forcies.
LA REINE : Dis-moi bien. Si mon époux le roi et mon fils le docteur survenaient, sur ce sentier dallé, et captaient tes impudents propos, ta vie ne vaudrait pas plus qu'un pet de lapin !
LE FOU : Ma Dame, si bellement ils pointent, là, un de chaque côté...
LA REINE : Un de chaque côté ? C'est de la sorte qu'ils furent faits. Disparais de ma vue !
LE FOU : Une belle paire, fort assortie !

La reine s'écarte brusquement ; déséquilibré, le fou tombe assis sur le sol. On entend tinter les clochettes de sa marotte.

LE FOU *(piteux)* : Je suis tombé sur mes grelots.

Plus tard, devant les créneaux du donjon.

LE FOU : Mettre ou ne pas mettre, telle est l'érection ! Qu'y faire ?... J'ai froid... Qu'alors y faire ?

Un garde aperçoit le fou et s'éloigne en vitesse.

LE FOU : Seules mes blagues sont éculées. Je donnerais ma vie pour tirer ma flèche dans un corps beau. Si seulement je pouvais tirer le corps beau de la reine... ou n'importe lequel, au point où j'en suis. Sa chère chaire nue... ou même avec quelques sous-vêtements. J'éprouve une sournoise mélancolie. Gildenstern et Rosencrantz sont morts, leur boutique de fripes est fermée.
VOIX D'HOMME : Félix.
LE FOU : Qui m'appelle ?
VOIX D'HOMME : Félix !
LE FOU : Personne ne sait que je suis ici, même pas les Abonnés absents.
VOIX D'HOMME : Je suis le spectre de ton père.
LE FOU : Mon père ! Toi qui mourus encore enfant !

On distingue alors un homme sans visage.

L'HOMME : Je ne pourrai trouver le repos éternel que lorsque tu auras forniqué avec la reine.
LE FOU : Mais elle est la reine, et je ne suis qu'un fou de troisième catégorie. Je ne peux pas baiser au-dessus de ma condition...
L'HOMME : Tu dois savoir, mon fils, que ton oncle, ton vrai père, me fit couler de la ciguë dans l'oreille.
LE FOU : Pourquoi ?
L'HOMME : Va savoir ; il faisait ça avec tout le monde. Chaque fois qu'il voyait une oreille, il fourrait de la ciguë dedans.
LE FOU : Oh ! mon père !
L'HOMME : Va consulter l'enchanteur, fils.
LE FOU : L'enchanteur ?

Le spectre disparaît progressivement, en répétant d'une voix sépulcrale :

L'HOMME : L'enchanteur, oui, l'enchanteur.
LE FOU : Alors, j'oserai coucher avec la reine ? Mais, elle, couchera-t-elle avec moi ? Bah, après tout, elle couche bien avec le roi, et il porte des caleçons longs... L'enchanteur.

Intérieur, donjon, le cabinet de l'enchanteur.

Une énorme marmite bouillonne.

L'ENCHANTEUR : Ah ! un aphrodisiaque !... En veux-tu un doux, un corsé, ou un qui... *(geste évocateur de voluptés intenses)* un qui...
LE FOU : N'importe quoi qui s'obtienne sans ordonnance.

L'enchanteur éclate de rire, puis remet au fou un petit flacon ventru.

L'ENCHANTEUR : Ceci... tu l'incorpores doucement dans le breuvage de la reine. Cela lui fera bouillonner le sang. D'une passion démoniaque, luxurieuse. En d'autres termes, elle aura le feu aux fesses. *(Riant :)* Parfaitement. Mais sois prudent, car, si Sa Majesté le roi avait vent de tes intentions, il te ferait couper les jambes, les bras et la tête.
LE FOU : Eh bien, cinq sur six, ça pourrait être pire.
L'ENCHANTEUR : Va, maintenant.

En sortant, le fou désigne la marmite bouillonnante.

LE FOU : Je crois que vos œufs sont cuits.

Intérieur, couloirs du château.

Tenant sur un plateau un calice d'or fumant, le fou se dirige en chantonnant vers deux gardes, qui croisent leurs hallebardes pour lui barrer le passage.

GARDE : Halte là. Qui vive ?
LE FOU : Ce n'est que le fou.
GARDE : Qu'as-tu à faire dans la chambre royale, fou ?
LE FOU : J'apportais simplement son jus d'orange à Sa Majesté la reine.
GARDE : Pourquoi toi ? Où est son serviteur habituel ?
LE FOU : Euh... il est répandu sur le sol de la cuisine... avec la vérole, messire. Une vérole atroce tout partout, contagieuse à l'extrême et...

Les gardes s'écartent du fou.

GARDE : Allez, dégage, fou !
LE FOU : Oui, certes, je file d'ici céans. *(Au public :)* Vous avez vu comment je les ai possédés ?

Tournant l'angle du couloir, il s'approche d'une porte, lustre ses dents d'un savant coup de langue et s'introduit chez la reine.

Intérieur, appartement privé de la reine.

Quand le fou entre, avec son calice fumant et bouillonnant, la reine est à sa tapisserie.

LA REINE : Eh bien, fou, que fais-tu dans ma chambre ?
LE FOU : Oh ! Ma Dame, j'ai eu le sentiment que vous aimeriez boire un verre ! Une bonne potion calmante.
LA REINE : Ma foi, je dois confesser une petite soif. Apporte-moi ce breuvage.
LE FOU : Voilà. Buvez vite car le gaz part. Mmmm, n'est-ce pas délicieux ?
LA REINE : Ça pétille grandement.

La reine souffle sur la fumée et porte le calice à ses lèvres.

LE FOU : Allez, Ma Dame, cul sec !
LA REINE : A la tienne.
LE FOU : Cassez pas le godet.
LA REINE : Cela picote, mais c'est goûteux.

Elle tend au fou le calice à moitié vide et reprend sa tapisserie.

LA REINE : Remporte ça.
LE FOU : Eh bien, il faut que je retourne au donjon, pour récupérer la consigne sur le gobelet.
LA REINE : Attends. Fou, viens plus près. Je sens, ô, une chaleur extraordinaire qui jaillit dans mes veines et me fait souhaiter, qui plus est, que tu t'empa-

res follement de mon corps tout entier et me fasses céans l'amour ! Ravage-moi et prends-moi toute. Prends-moi !
LE FOU : Tout le plaisir est pour moi.
LA REINE : Porte-moi vivement sur la couche.
LE FOU : Sur la couche ?
LA REINE : Fais-moi l'amour sur l'heure.
LE FOU : Sur l'heure ? Plutôt sur le lit.
LA REINE : Emporte-moi, fou.
LE FOU : Oui, oui, c'est ce que je fais.
LA REINE : Combien cette passion fulgure en mes intérieurs !
LE FOU : Oui, au poil, allons, vite.
LA REINE : Je ne puis bouger plus vite, fou. La passion me paralyse...
LE FOU : Je vois. Ça vous ennuie si je vous emmène au lit ?
LA REINE : Fais vite !

Assis sur le lit, le fou aide la reine à s'y jucher. Comme gobelet et plateau l'embarrassent, il finit par fourrer le récipient fumant sous un coussin.

LE FOU : Voilà... comme ça, l'élixir est sous l'oreiller. Au cas où vos chaleurs refroidiraient, nous pourrions les réchauffer.
LA REINE *(haletante)* : Certes.

La reine est allongée auprès du fou qui l'embrasse.

LA REINE : Oh ! viens, fais courir tes mimines sur mon corps !
LE FOU : Ça vient. Je vais vous régler l'allumage en moins de deux.

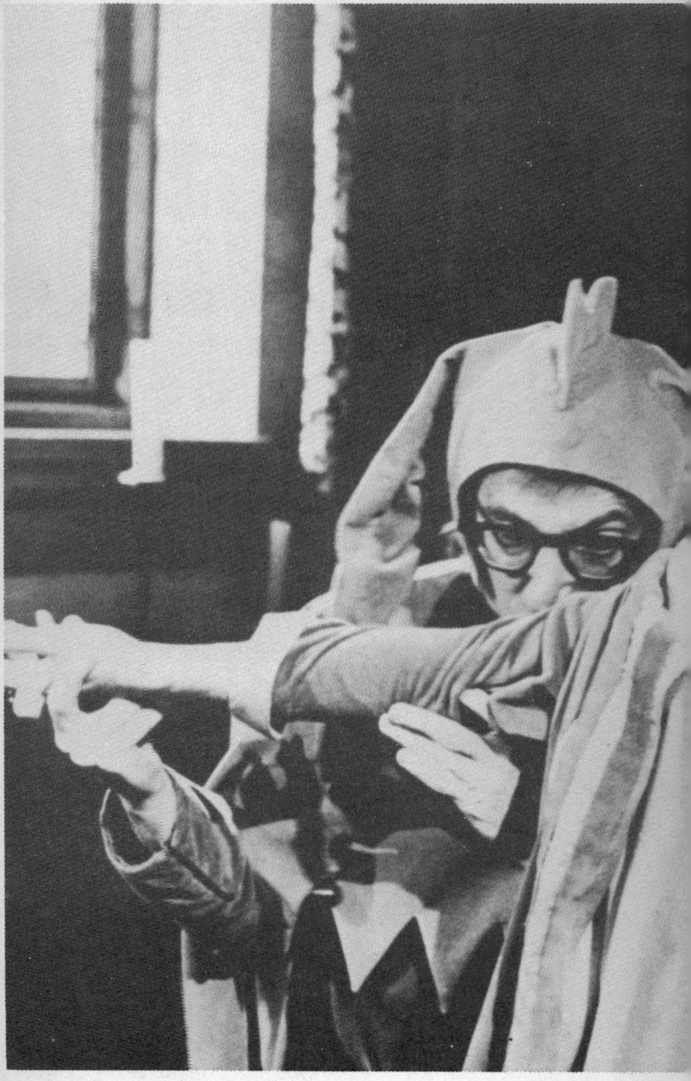

LA REINE : En vérité, je veux sentir ta chair satinée contre la mienne.
LE FOU : Du velours, ça ira quand même ?
LA REINE : Aaah, baise-moi vite ! Dévêts-moi, qu'attends-tu ?

Le fou baise les mains de la reine, puis sa joue. Dans sa frénésie, le fou embrasse son propre bras.

LE FOU : Zut, c'est mon bras... Oui, oui, je vais m'activer et ôter les royaux affûtiaux.
LA REINE : Affûte ! Affûte !

Intérieur, couloir du château.

Réaction des hallebardiers, oyant à travers la porte des soupirs évocateurs.

Intérieur, appartement privé de la reine.

Le fou, accroupi sur le sol, étreint les hanches de la reine.

LA REINE : O Dieu, cesse de m'écraser de la sorte ! Debout, fou ! Ceci n'est pas un simulacre ! Ceci n'est point un jeu de pelote. Ah !

Il l'aide à dégrafer sa robe, la lui arrache. Il découvre alors qu'elle porte une ceinture de chasteté.

LE FOU : Ah ! enfin ! Mais que vois-je ? Une guêpière en fonte !
LA REINE : C'est la ceinture de chasteté que mon mari jaloux m'a assujettie, de sorte qu'aucun autre que lui ne puisse accéder au jardin des délices.
LE FOU : Mauvaise nouvelle pour les hommes du château.
LA REINE : Question de point de vue.
LE FOU : Attendez ! Bougez pas, je... je vais bien trouver...

S'arrachant à l'étreinte de la reine, le fou cherche autour de lui et avise une clef sur un meuble.

LE FOU : Ah ! maintenant, avec grand-hâte, je vais ouvrir la chevillette et découvrir la barbichette.

Il essaie d'ouvrir la serrure avec de grands et infructueux efforts.

LE FOU : Je vais... j'espère... il semble que... cette clef est trop grosse. Le trou est trop petit, ça promet !

Intérieur, couloirs du château.

Les gardes réagissent aux violents bruits métalliques en provenance de chez la reine.

Intérieur, appartement privé de la reine.

La reine est agenouillée, le fou perplexe.

LE FOU : Il faut que je trouve quelque chose en vitesse, parce que la Renaissance approche à grands pas et qu'on va tous devenir peintres.

Intérieur, couloirs du château.

Le fou surgit dans le couloir et s'approche des porteurs de piques. Il arrache à l'un d'eux sa hallebarde.

LE FOU : Sa Majesté souhaite emprunter ceci.
GARDE : Quoi ?
LE FOU : Oui, elle a un débris de nourriture coincé entre deux dents, et je vais l'aider à l'extraire.

En reculant, il assomme à moitié l'un des gardes d'un coup de pique, puis laisse tomber le bout de la hallebarde sur le pied de l'autre garde, qui, gémissant, prend son pied à deux mains.

Intérieur, appartement privé de la reine.

Quand le fou revient dans la chambre, la reine pousse une exclamation d'expectative. Le fou, visant la ceinture de chasteté, plante la pointe de la hallebarde dans la serrure. Il recommence plusieurs fois, au grand dam de la grande dame, qui se plie en deux.

LA REINE : Ouille !

LE FOU : Ça vient !
LA REINE : Aïe !
LE FOU *(au public)* : C'est ce qui s'appelle chasser le gibier à poil.

Intérieur, chambre du roi.

Le roi, endormi, s'éveille en sursaut, entendant d'épouvantables bruits de ferraille.

Intérieur, appartement privé de la reine.

Le fou s'escrime toujours sur la serrure.

LE FOU : Ce système me tape sur le système... Ah ! enfin ! Je savais bien qu'avec un peu de doigté...
LA REINE : A présent, me voilà toute à toi !
LE FOU : Un peu rouillés, les portails de l'extase. Vous le savez, que vos portails s'entrebâillent ?

Intérieur, couloirs du château.

Un héraut parcourt les couloirs.

HÉRAUT : Oyez ! Sa Majesté le roi a été éveillé de son sommeil par un coup très fort. Oyez ! Sa Majesté le roi a été éveillé de son sommeil par un coup très fort !

Intérieur, appartement privé de la reine.

Ces paroles sont parvenues à la reine et au fou, lesquels sont agenouillés face à face.

LE FOU : Qu'ouïs-je ?
LA REINE : Hé ! il va te pourfendre par moitié !
LE FOU : Par moitié, je vois. Ma moitié ici et mon autre moitié à l'autre bout de la chambre.
LA REINE : Sur le billot à découper.
LE FOU : Ouille ! Coupé en deux, je suis moins séduisant. Mes costumes sont taillés pour une seule personne. Pas de demi-mesures.

La reine prend le fou par les épaules. Il regarde la serrure ouverte, avec accablement.

LA REINE : Dommage que je ne puisse assouvir cette passion.
LE FOU : Vite, vite, bouclez-la.
LA REINE : Pardon ?
LE FOU : Là, ce que vous avez là. Fermez l'écrin du joyau royal.

Le fou contourne la reine, tandis qu'elle referme la ceinture de chasteté.

LE FOU : Pressons, pressons, avant que...
LA REINE : Aide-moi donc.
LE FOU : J'ai-j'aide tant que je peux, mais...

Le fou, agenouillé devant la reine, s'efforce avec précipitation de refermer la ceinture.

LE FOU : Enfin. C'est bien fermé. Si solidement qu'aucun homme... hé ! ma main !

La main du fou se trouve emprisonnée par la ceinture, juste sur l'auguste postérieur de la reine.

LE FOU : Coincé ! Piégé ! La main dans le sac ! Avec ma manie de me fourrer dans des sacs de nœuds, révérence parler !
LA REINE : Le roi approche ! Que faire ?
LE FOU : Cachez-moi !

Intérieur, couloirs du château.

Majestueusement, le roi se dirige vers les appartements de la reine, passant devant les gardes en faction.

Intérieur, appartement privé de la reine.

Toujours coincé dans la ceinture, le fou aide la reine à revêtir sa robe. Ils finissent par se retrouver tous les deux dans la robe.
La porte s'ouvre. Le roi apparaît, dans toute sa majesté.

LE ROI : Ma reine. Ah ! ma reine !
LA REINE : Oh ! Sire !
LE FOU *(chuchotant)* : Ayez l'air naturel, comme s'il ne s'était rien passé.

LA REINE : Certes.
LE ROI : Oh ! ma reine ! Un horrible vacarme m'éveilla en sursaut et me mit dans un courroux des plus massacrants.

Drapée autant que se peut dans sa robe, dissimulant le fou derrière elle, la reine recule devant le roi, qui n'en découvre pas moins le fou et manifeste une stupeur menaçante.

LE FOU : Coucou, Majesté ! Soyez un roi sympa, et courez aux cuisines me chercher un verre d'eau. Hein ?

Le roi demeure tétanisé, bouche bée.

LA REINE : Le fou m'a bien divertie en votre absence ; il m'a cité vos bons mots.
LE FOU : Certes, Mon Seigneur. J'ai chatouillé le boyau de la rigolade royal, révérence parler.
LA REINE : Car, savez-vous, je me sens fort solitaire lorsque vous reposez.
LE FOU : Moi itou, Mon Seigneur.
LE ROI *(sombre)* : Je persiste à ne pas le trouver comique !
LE FOU : A propos, j'en ai une bien bonne. Écoutez. Qu'est-ce qui est noir et blanc, noir et blanc, noir et blanc, et noir et blanc ? Hé ? Une bonne sœur dégringolant dans l'escalier !

La reine éclate de rire. Le fou secoue les grelots de son bonnet.

LE ROI *(à la reine)* : Approche, et me donne un baiser.

LE FOU : Avec joie, Mon Seigneur, sortez votre langue...
LE ROI : Pas toi !

Furieux, le roi marche sur le fou, auquel la reine tente de faire un rempart de son corps.

LE ROI : Va-t'en, faquin ! Tais-toi et disparais !

Le roi tourne autour de la reine, essayant de saisir le fou, lequel pivote en même temps que la reine.

LE FOU : Je m'en vais, je m'en vais !
LA REINE : Je te raccompagne à la porte.

Dans le mouvement, le fou se glisse sous la robe de la reine. Le roi ouvre grands les bras.

LE ROI : Enfin ! Enfin seuls ! Ah ! viens à moi !
LA REINE : En effet, Mon Seigneur, nous voilà seuls.

Le roi enlace la reine avec violence. Sous la robe, réaction terrorisée du fou. Le roi jette la reine sur le lit, puis se met à chercher dans la poche de son pourpoint.

LE ROI : Il ne me reste qu'à trouver la clef... Où diable l'ai-je pu mettre ?... Ah ! la voilà !

La reine, souriante, est assise sur le lit. Les pieds — à poulaines pointues — du fou émergent de la robe, agités de mouvements nerveux. La reine tente d'adopter une attitude nonchalante. A la vision de ces pieds disproportionnés, le roi soulève la robe, touche les mollets du fou, puis lui frappe le genou d'un coup de clef. La reine réagit.

LA REINE : Sire, ça chatouille.

Soupçonneux, le roi se penche et soulève brusquement la robe. Réapparition du fou.

LE FOU : Hello, Mon Seigneur ! Vous vous rappelez le jour où vous m'avez dit que, quand je passerais en ville, je devrais surveiller votre épouse ?

Sur ce, il rabat la robe sur sa tête comme un rideau.

Intérieur, le donjon.

Deux gardes entraînent le fou sur le donjon où, auprès du billot, se tient le bourreau, armé de sa hache.

LE FOU : Je ne vois pas pourquoi tout le monde prend la mouche. Après tout, je ne l'ai pas sautée, je me suis mis la ceinture !

Le bourreau lève sa hache. On maintient la tête du fou sur le billot.

LE FOU : Juste un peu dégagé au-dessus des oreilles. Pas de brillantine.

Dans une trajectoire implacable, la hache s'abat. La tête sectionnée s'en vient rouler dans le panier, où elle rebondit. Nous reconnaissons alors la tête de la marotte.

MUSIQUE ET FONDU AU NOIR

Qu'est-ce que la sodomie ?

Extérieur, jour, une rue dans un quartier résidentiel.

On isole une jolie maison.

Intérieur, salle à manger.

Dans la salle à manger cossue, le docteur Ross achève le café du petit déjeuner. Posant son journal, il se lève, et sa femme lui donne son attaché-case. Ils s'embrassent, et le docteur Ross sort de chez lui.

Extérieur, rues et parking.

Le docteur range sa voiture et gagne son cabinet.

Intérieur, salle d'examen.

Une malade, assise, tient un thermomètre dans sa bouche. En passant, le docteur prend le thermomètre et y jette un coup d'œil.

Intérieur, bureau.

Le docteur examine la gorge d'un patient.

ROSS : Faites-moi un beau « Ah ».
PATIENT : Ah.
ROSS : Aaah.
PATIENT : Aaah.

Intérieur, salle d'examen.

Une femme explique son cas au docteur.

PATIENTE : Dans le bas du dos, de ce côté-là, mais surtout la nuit. Dans la journée, je ne m'en aperçois pas trop, mais la nuit ça me titille.
ROSS : Levez le bras. Je ne veux pas vous faire mal, mais jusqu'où pouvez-vous lever le bras ?

Intérieur, salle d'attente.

Une infirmière s'adresse à un homme dont on ne distingue que la silhouette.

INFIRMIÈRE : Monsieur Milos, si vous voulez bien me suivre ?

Intérieur, bureau.

Le docteur Ross achève de se laver les mains, prend une serviette en papier et se tourne vers le nouvel arrivant.

ROSS : Entrez, Monsieur Milos, entrez et asseyez-vous. Je vais d'abord remplir votre fiche. Vous vous appelez ?
MILOS : Stavros Milos.
ROSS *(écrivant)* : Et vous habitez ?
MILOS : L'Arménie.
ROSS : L'Arménie ?
MILOS : Je suis arménien. Je suis venu voir mon frère.
ROSS : Hum. Profession ?
MILOS : Berger.
ROSS : Vous êtes berger ?
MILOS : Nous le sommes de père en fils. Sauf mon frère, ici, qui est marchand de tapis.
ROSS : Avez-vous eu des maladies graves ?
MILOS : Aucune.
ROSS : Bien. Alors, quel est votre problème?
MILOS : Je suis amoureux d'une brebis.

Cessant de prendre des notes, Ross lève les yeux, et s'accote dans son fauteuil.

ROSS : Oh !... je vois !
MILOS : Vous savez, docteur, là-haut dans les montagnes, quand je garde mon troupeau, tout est si beau, sous le ciel étoilé, et je suis tout seul. Alors, parfois, je me sens si solitaire... et les heures passent, et bientôt j'ai besoin d'une femme... Mais, docteur, il n'y a pas de femmes ! Je ne suis pas marié, et, euh, bref, une nuit, l'été dernier, c'est devenu insuppor-

table... Mon corps avait besoin d'être satisfait. C'est alors que je l'ai remarquée.
ROSS : Qui ça ?
MILOS : Daisy.
ROSS : La brebis ?
MILOS : J'ai emmené Daisy dans un endroit tranquille, et là, sous le ciel d'Arménie, j'ai satisfait mes besoins sexuels.
ROSS *(choqué)* : Avec la brebis ?
MILOS : Naturellement.
ROSS : Oh ! mon Dieu !
MILOS : Ce fut le meilleur coup que j'aie jamais tiré.
ROSS *(se ressaisissant)* : Monsieur Milos, excusez-moi d'avoir pu vous sembler choqué si peu que ce soit.
MILOS : Y a pas d'offense.

Une infirmière ouvre la porte et passe la tête.

INFIRMIÈRE : Docteur, madame Goldblatt au téléphone, pour sa hernie.
ROSS : Plus tard, plus tard.

L'infirmière disparaît. Ross fait pivoter son fauteuil et se lève.

ROSS : Euh, monsieur Milos, bien sûr, je suis heureux de votre bonheur partagé, mais, euh, j'ai d'autres malades, et à moins que vous n'ayez quelque chose qui soit dans mes compétences...
MILOS : Docteur, docteur, je vous en prie, écoutez-moi. Vous voyez, le drame, c'est qu'elle ne m'aime plus ! C'est pourquoi je suis venu vous voir. Parce qu'elle n'est plus amoureuse de moi.
ROSS : Comment pouvez-vous en être sûr ?

MILOS : Oh ! des tas de petites choses ! Elle est froide, indifférente... Docteur, parlez-lui. Vous, elle vous écoutera !
ROSS : Monsieur Milos, vous êtes fou.

Milos secoue Ross par les revers de son veston.

MILOS : Je l'ai amenée d'Arménie avec moi. Mon frère dit que vous êtes un grand médecin.
ROSS : Vous êtes...
MILOS : Vous lui avez sauvé la vie, dans le temps.
ROSS *(le coupant)* : C'est d'un psychiatre que vous avez besoin. Je suis docteur en médecine.
MILOS : Parlez-lui, je vous en prie !
ROSS : Je ne vais pas parler à un mouton ! Vous êtes cinglé !
MILOS : Elle est là, dehors, dans le camion de mon frère.
ROSS : Je vous prie de sortir. Je suis docteur en médecine, pas vétérinaire.

Milos se dirige vers la porte et sort, suivi par le docteur.

Intérieur, couloir et salle d'attente.

Dans le couloir, Milos se retourne, barrant le passage à Ross.

MILOS : Je vais vous la chercher.
ROSS : N'amenez aucune brebis dans ce cabinet, ma mère finit à peine de payer les traites !

MILOS : Docteur, je suis un homme simple. Je ne connais aucun grand savant, et mon frère dit que vous êtes un grand homme de science.
ROSS : Détrompez-vous, je ne suis qu'un généraliste ordinaire, rien d'autre.

Cependant, ils traversent la salle d'attente, remplie de patients curieux.

MILOS : Docteur, je vais la chercher.
ROSS : Non, monsieur Milos. Vous ne voulez pas comprendre ! Ce n'est pas normal pour un adulte d'avoir des rapports sexuels avec un quadrupède !

Réactions intéressées des personnes présentes. Milos sort.

MILOS : Attendez seulement de l'avoir vue !
ROSS : Je n'en crois pas mes oreilles !

Intérieur, bureau.

Dans son bureau, Ross s'approche de la fenêtre et soulève une lame du store vénitien pour regarder au-dehors. Il voit dans la rue un camion à l'arrêt, portant l'inscription : « Milos Frères, tapis de qualité. » Milos sort du camion, tenant Daisy dans ses bras. Il pénètre dans l'immeuble du docteur.

Intérieur, couloir et salle d'attente.

Agité, Ross passe dans le couloir. Une malade le harponne.

MALADE : Docteur…
ROSS : Je ne peux pas vous voir pour l'instant.
MALADE : Cette nouvelle ordonnance que vous m'avez donnée la semaine dernière…
ROSS : Je ne peux pas…
MALADE : Ça n'a aucun effet.
ROSS : Je regrette, impossible. Asseyez-vous.
MALADE : J'ai toujours mes brûlures d'estomac. Savez-vous que…
ROSS : Asseyez-vous, madame. Je ne peux pas vous voir, je suis…

Il s'interrompt en entendant bêler Daisy. Milos, portant Daisy à pleins bras, passe devant les malades. Ross se pétrifie.

MILOS : Docteur Ross, je vous présente Daisy.
ROSS : Ah, bon ! Euh… emmenez-la donc dans mon bureau. *(Aux malades :)* Je vous prie de m'excuser. Sa brebis a… euh… un chat dans la gorge.

Intérieur, bureau.

Milos est entré dans le bureau du docteur, suivi par Ross. Pendant que Ross ferme la porte, Milos pose délicatement Daisy sur le bureau.

ROSS : Monsieur Milos, je vais être obligé d'appeler la police… Écoutez, on va parler d'homme à homme,

monsieur Milos... Ne mettez pas cette brebis sur mon bureau, enfin ! Ça ne se fait pas !
MILOS : N'est-elle pas magnifique ?

D'un geste presque machinal, Ross caresse la tête de Daisy.

ROSS : Si, elle est superbe. Monsieur Milos, vous êtes un très brave homme, et je ne voudrais pas vous attirer des ennuis, mais... Je ne pense pas que vous compreniez que vous avez, euh, un problème d'ordre psychiatrique... *(Regardant Daisy :)* vous auriez véritablement besoin de consulter un spécialiste des... troubles mentaux. Je suis docteur en médecine, et...

Daisy bêle.
Ross sourit à Milos.

ROSS : Je sais que vous avez cru bien faire en apportant cette brebis ici, mais...

Daisy bêle.
Ross lui adresse un sourire attendri.

ROSS : J'ai des malades, vous savez. Des problèmes rénaux, des problèmes cardiaques, tout ça... et tout à coup, une brebis... ici...

Il rit, se penche pour regarder Daisy de plus près, en souriant.

ROSS : Bonjour, Daisy.
DAISY : Bêêêê...

ROSS (*conquis*) : Elle est adorable. *(A Daisy :)* Je suis le docteur Ross. Doug Ross.

Ce disant, Ross caresse la tête et le flanc de Daisy. Sa main progresse vers la croupe.

ROSS : Elle… hum, monsieur Milos, je vous examinerais volontiers tous les deux, mais en ce moment, vous voyez, ma salle d'attente est bourrée à craquer.
MILOS *(ravi)* : Oh ! Je le savais, que vous pourriez m'aider. Je le savais. Merci, docteur.
ROSS : En fait, euh, si je pouvais voir Daisy en particulier… peut-être… vous comprenez…
MILOS : Tout ce que vous voudrez ! Tout !

Intérieur, soir, salle à manger chez le docteur Ross.

MUSIQUE

Ross est en train de dîner avec sa femme, Ann. Songeur, il pignoche dans son assiette.

ANN : Ça n'a pas l'air d'aller, chéri.
ROSS : Non, ça va, ça va. Je suis seulement un peu fatigué, c'est tout.
ANN : Tu te surmènes.

Hochant la tête, il porte son verre de vin à ses lèvres et boit, l'esprit ailleurs.

Intérieur, soir, chambre à coucher.

Étendu sur le lit, Ross caresse un pull-over, dont une manche lui entoure le cou. Sa femme le surprend dans cette occupation.

ANN : Qu'est-ce que tu fais ?
ROSS : Moi ? Rien !

FIN DE LA MUSIQUE

Il jette le pull-over sur le sol.

ANN : Tu faisais quelque chose. Tu étais en train de caresser ton pull en pure laine vierge.
ROSS *(avec un rire faux)* : Je ne caressais pas mon pull en pure laine vierge. Pourquoi diable ferais-je une chose pareille ?
ANN : Dieu seul le sait !

Intérieur, jour, bureau du docteur.

Debout devant la fenêtre, Ross surveille l'extérieur entre deux lames du store vénitien. A l'entrée d'une infirmière, il se retourne.

INFIRMIÈRE : Docteur ? Un certain monsieur Milos vient d'apporter sa brebis.
ROSS : Elle est là ? Faites-la entrer.

L'infirmière secoue la tête et sort. Ross tire une bouffée nerveuse de sa cigarette, l'écrase soigneusement dans le cendrier. Saisissant un flacon de déodorant buccal, il se gargarise en hâte, puis avale le liquide.

Guidée par l'infirmière, Daisy pénètre dans la pièce.

ROSS *(à l'infirmière)* : Merci, vous pouvez nous laisser.

L'infirmière disparaît. Ross regarde intensément Daisy, puis s'agenouille devant elle et la câline.

ROSS : Bonjour, toi. Je sais que tout ça doit te sembler bizarre. Toi, venue des lointaines collines d'Arménie, et moi, de Jackson Heights... et pourtant j'ai l'impression que ça pourrait marcher, nous deux, si nous savons saisir la chance...

Intérieur, hall d'un hôtel.

MUSIQUE

Clients et porteurs vont et viennent. Le docteur Ross entre dans le hall, portant Daisy dans ses bras. Il va jusqu'au comptoir de la réception.

ROSS : Une chambre, s'il vous plaît.

Intérieur, chambre d'hôtel.

Ross pose Daisy sur le lit. Le groom lui remet la clef de la chambre et attend son pourboire.

ROSS : Merci beaucoup... une seconde... voilà pour vous.

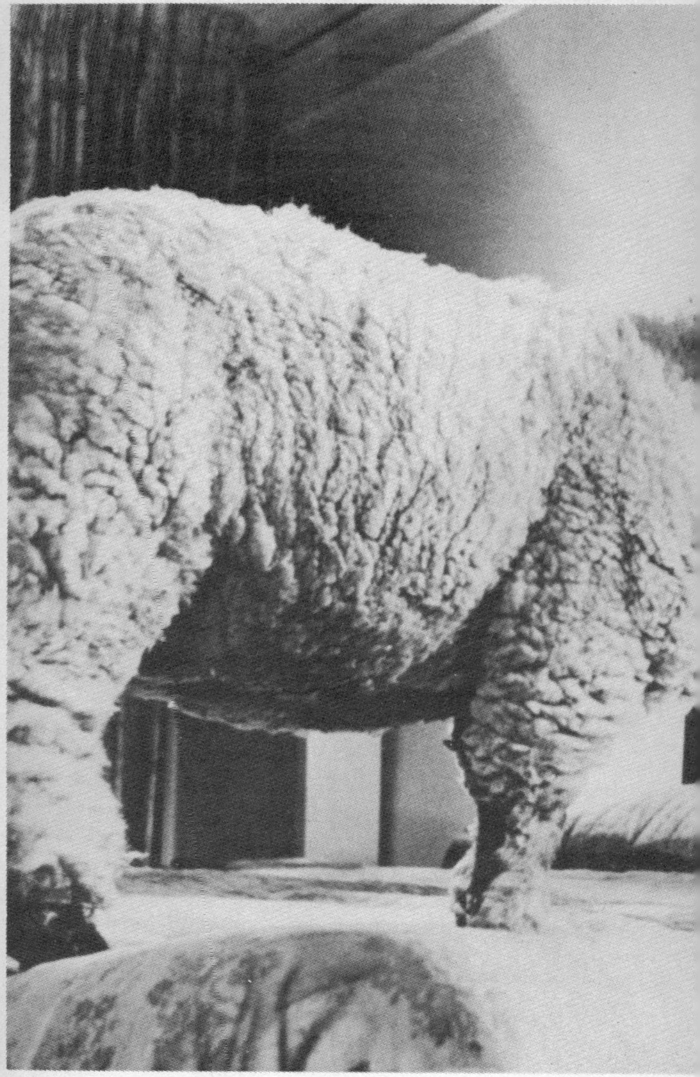

GROOM : Merci. Voulez-vous que j'accroche la pancarte « Ne pas déranger » ?
ROSS : Non… c'est-à-dire, oui bonne idée. Merci beaucoup.

Sitôt la porte fermée, Ross décroche le téléphone intérieur.

ROSS : Service d'étage ? Euh, ici le docteur Ross, chambre 525. J'aimerais que vous me fassiez monter du bourgogne blanc glacé, un peu de caviar, et de l'herbe… Euh… De l'herbe ordinaire, verte. Pour le 525. Merci.

Il raccroche et lance à Daisy un regard passionné.

ROSS : Daisy… Ma petite Daisy…

Il dénoue sa cravate.

ROSS : Nous allons être très tendres, tu veux ?
DAISY : Bêêêê…

FIN DE LA MUSIQUE

Intérieur, chambre à coucher.

Chez les Ross. Le couple est au lit. Ann se serre contre Ross, cherche à l'embrasser. Il s'écarte.

ROSS : Non, je ne peux pas, je suis fatigué.

Ann, narines dilatées, respire l'odeur de la nuque de Ross.

Intérieur, une autre chambre d'hôtel.

Ross et Daisy sont allongés côte à côte sur le lit.

ROSS : Mince, alors, c'était vraiment extraordinaire ! Je n'aurais jamais imaginé une chose pareille, même dans mes fantasmes les plus débridés...
DAISY : Bêêêê...
ROSS : Tu es vraiment exceptionnelle. J'adore notre nid d'amour. Je n'oublierai jamais nos cinq-à-sept. Je n'ai jamais connu autant de calme et de bonheur dans toute ma vie. *(Caressant la tête de Daisy :)* J'espère que tu partages mon sentiment.
DAISY : Bêêêê...

Intérieur, une autre chambre, plus élégante.

Daisy, devant la cheminée, regarde flamber les bûches, tandis que Ross ouvre une boîte. Il en extrait une rivière de diamants, qu'il passe au cou de Daisy. Puis il lui tend un miroir pour qu'elle s'y admire.

Intérieur, nuit, chambre à coucher des Ross.

Assise devant sa coiffeuse, Ann fait face au miroir,

dans lequel vient s'encadrer Ross. Il se penche pour embrasser sa femme.

ROSS : Désolé, chérie, quand tu as téléphoné au cabinet, j'étais sorti. Une urgence. Hé ! tu sens bon !
ANN *(le flairant)* : Dis-moi, chéri...
ROSS : Oui ?
ANN : Est-ce une illusion de mes sens, ou empestes-tu tout le temps les côtelettes d'agneau ?
ROSS : Qu'est-ce que tu veux dire, avec tes côtelettes d'agneau ? Quelle absurdité ! Comment pourrais-je sentir les côtelettes d'agneau ? Ça n'a aucun sens !

Sans mot dire, Ann retire une petite touffe de laine accrochée au veston de Ross. Il réagit dans la panique.

ROSS : Ce veston part en morceaux ! C'est toujours comme ça avec ces costumes bon marché !

Ann l'observe d'un regard scrutateur.

Intérieur, chambre d'hôtel.

Un rayon de soleil se glisse dans l'interstice des rideaux tirés. Ross, au lit avec Daisy, est occupé à la nourrir.
Au bruit de la porte qui s'ouvre, il se retourne brusquement et découvre Ann, flanquée d'un avocat et d'un photographe en pleine action. Flash.

ROSS : Ann, attends une seconde, je peux tout t'expliquer. Nous ne sommes que des amis.

ANN : Comment as-tu pu ?
ROSS *(riant)* : Mais c'est madame Bencourse... une de mes malades ! Elle se prend pour une brebis ! C'est tout bête ! Tu vois le mal partout !

Intérieur, cabinet du juge.

Ross se trouve en position d'accusé, en face d'Ann et des hommes de loi.

JUGE : Le défendeur a commis l'acte d'adultère avec une brebis. C'est d'autant plus odieux que la brebis a moins de dix-huit ans !

Intérieur, salle à manger des Ross.

A table, Daisy et Ross dînent.

ROSS : Bon, d'accord, Ann m'a quitté. D'accord elle m'a pris tout mon argent, toutes mes économies. On m'a rayé de l'Ordre... Mais je m'en moque. Si tu es d'accord, on se débrouillera toujours, on se privera un peu. Je trouverai bien du travail, n'importe quoi...

Intérieur, une salle de restaurant.

Devenu serveur, Ross s'énerve, parmi les nombreux clients qui lui donnent des ordres. Il se précipite vers la desserte, y prend des assiettes, des verres. En voulant servir un client, il lui renverse un verre dessus. Tous protestent, réclament, vitupèrent, l'engueulent furieusement.

ROSS : Arrêtez de m'appeler Garçon ! Je suis docteur !
TOUS LES CLIENTS : Docteur, mon café ! Docteur, ma côtelette ! Docteur, l'addition, ça vient ? Docteur !

Sous ces cris, Ross recule, chancelant. Il revient à la desserte, où attendent les plats prêts à être servis. Il s'adresse à une tête de veau.

ROSS : Ah ! Faites « Ah ».

Ross secoue les bouts de viande, écarte les cuisses d'une volaille rôtie.

ROSS : Allez, écartez bien les jambes.

Il regarde dans le croupion, puis y plante un crayon tiré de sa poche.

ROSS : Vous auriez au moins pu venir à jeun ! Je vous l'avais pourtant dit. C'est du propre, là-dedans !

Intérieur, nuit, appartement de Ross.

Ross regagne son appartement obscur.

ROSS : Daisy ! Ma biquette ?

Il se rend dans la cuisine, à la recherche de Daisy. Il regarde sous la table, puis parcourt la chambre et la salle de bains. Il y trouve une lettre épinglée sur le mur. Il s'assoit pour la lire.

ROSS *(lisant)* : « J'ai enfin économisé assez d'argent pour ramener Daisy chez nous. Ce que vous m'avez fait est abominable, mais, à présent, je suis avec Daisy dans nos montagnes, où vous ne pourrez jamais me la reprendre. Stavros Milos. »

MUSIQUE

Le papier tombe de la main de Ross, qui se met à sangloter.

Extérieur, jour, rues.

Dans les rues animées, Ross déambule, l'œil vague, tirant à nouveau sur une cigarette.

Extérieur, jour, une avenue.

Ross, affalé comme une loque sur le trottoir, a définitivement sombré dans l'alcoolisme. Il boit goulûment, à même le goulot d'un flacon de Woolite...

FIN DE LA MUSIQUE
FONDU AU NOIR

Pourquoi certaines femmes parviennent-elles difficilement à l'orgasme ?

Extérieur, un jardin.

Une élégante réception de mariage. Dans le joyeux brouhaha, la mariée, Gina, va de groupe en groupe, parlant aux nombreux invités qui la congratulent. Gina rejoint son mari, Fabrizio ; tous deux découpent le gâteau de mariage. Puis les jeunes époux prennent la fuite dans une limousine, dont la plaque minéralogique indique ROMA 3
2809.

Intérieur, jour, appartement nuptial.

Assise à sa coiffeuse, Gina vérifie sa coiffure. Fabrizio vient s'asseoir sur la banquette auprès d'elle et l'embrasse dans le cou.
(NB : Tous les dialogues sont prononcés en italien — avec sous-titres américains dans la version originale. Nous vous proposons une version doublée en français.)

FABRIZIO : J'ai si longtemps attendu ce moment !
GINA : Fabrizio, *amore mio*, vas-y doucement avec ma virginité.
FABRIZIO : O Gina ! Pour moi, ton corps est une cathédrale ! Enlève ta culotte.

Plus tard, nous les retrouvons au lit, sous la couverture, immobiles côte à côte. Il fume.

FABRIZIO : Ça ne t'a pas plu ?
GINA : Si.
FABRIZIO : On ne dirait pas que tu as pris du plaisir avec moi.
GINA : Si. Tu as été merveilleux.
FABRIZIO : Mais tu es tout le temps restée là, passive, comme une tranche de saumon fumé.
GINA : C'était la première fois pour moi. Et toi, est-ce que ça t'a plu ?
FABRIZIO : A moi ? Tu plaisantes ? J'ai jamais autant rigolé !

Prête à s'endormir, Gina ferme les yeux. Les rouvrant, elle prend la main de Fabrizio.

GINA : Peut-être que la prochaine fois je serai plus détendue.
FABRIZIO : *Si.* (Traduction : Oui.)

Intérieur, studio de photographe.

Un mannequin de haute couture prend des poses, photographiée par Marcello. Fabrizio survient.

FABRIZIO : Hé ! Marcello ! tu t'y connaîs en frigidité ?
MARCELLO : Tout est dans les préliminaires. Une femme a besoin d'être excitée avant que tu la sautes.
FABRIZIO : Combien de temps ?
MARCELLO : Bof, un quart d'heure, une demi-heure... ça dépend de la femme.
FABRIZIO : Et la tienne ?
MARCELLO : Trente secondes.
FABRIZIO : Veinard.

Tandis que le mannequin change de pose, les deux amis déambulent dans le studio, le bras de Marcello sur l'épaule de Fabrizio.

MARCELLO : Ne me dis pas que Gina a un problème !
FABRIZIO : Oh, non ! *Ma*... c'est pas ça !
MARCELLO : Est-ce que tu la caresses bien avant de la lui mettre ?
FABRIZIO : Lui mettre quoi ?... Oh ! Je n'aime pas qu'on parle de Gina comme si c'était *una putana*.
MARCELLO : Vous êtes mariés depuis longtemps ?
FABRIZIO : Six semaines.
MARCELLO : Tripote-la, câline-la. C'est toujours la faute de l'homme. N'importe quelle femme peut arriver à jouir.
FABRIZIO : Marcello, la semaine dernière, en plein milieu de... du... elle regardait la télévision !
MARCELLO : C'est que tu t'y prends comme un manche. Certaines femmes sont plus lentes à démarrer. Trouve ses zones érogènes.
FABRIZIO : Son père m'a pourtant dessiné un plan... et, malgré ça...

Intérieur, chambre à coucher.

A genoux sur le lit, Fabrizio embrasse et caresse le corps de Gina, étendue sur le dos, passive. Fabrizio claque des mains.

FABRIZIO : Allez, tourne-toi. Je veux faire un repérage minutieux des quelques territoires encore inexplorés.

Gina se place sur le ventre. Fabrizio lui embrasse le dos et la caresse partout.

FABRIZIO : Exciter, exciter... farfouilles, papouilles, grattouilles...

Longtemps après, Gina dort profondément. Fabrizio, épuisé, s'acharne à lui caresser les cuisses. Il finit par s'abattre sur les jambes de Gina, et se met à ronfler — en italien.

Extérieur, jour, une rue.

Fabrizio marche en compagnie d'un ecclésiastique.

PRÊTRE : Fabrizio, l'Église ne peut rien pour toi. Si je le pouvais, je serais ravi d'essayer de faire jouir ta femme, mais ça m'est interdit. Au moins, tu prends ton plaisir avec elle ! Peut-être que, un jour, tu lui en donneras aussi...

Intérieur, chambre à coucher.

Fabrizio ôte un verre de vin des mains de Gina et le pose sur la table de nuit. Gina s'étend, en nuisette vaporeuse. Fouillant sous l'oreiller, Fabrizio en tire un énorme vibromasseur de forme phallique. Il branche l'appareil sur la prise électrique puis met le contact.
L'engin se met en court-circuit, craque, étincelle, électrise, crache des flammes. Fabrizio, effrayé, vibre plus que le vibromasseur récalcitrant.

Intérieur, enfilade de bureaux vides.

Un ami, dans les affaires, fait visiter le local à Fabrizio.

HOMME D'AFFAIRES : C'est ici que j'installerai mes nouveaux bureaux. Cent personnes sous mes ordres.
FABRIZIO : Oui, *si*, très bien... mais parlez-moi un peu de votre vie sexuelle. Votre femme ?
HOMME D'AFFAIRES : Elle gémit, elle hurle, elle me déchire le dos à coups de griffe ! Six, sept fois de suite, qu'elle remet sur le métier ! Une vraie louve en chaleur !
FABRIZIO : La mienne reste allongée et fixe le plafond. Comme une morte.

L'homme d'affaires se tourne vers Fabrizio, le petit doigt dressé.

HOMME D'AFFAIRES : Est-ce que vous l'avez toute petite ?
FABRIZIO : Petite ? Une baguette de pain français ! Petite, moi !
HOMME D'AFFAIRES : D'accord, d'accord... Alors, il faut donner sa langue au chat.

Intérieur, exposition de mobilier d'avant-garde.

Fabrizio et Gina examinent meubles et bibelots. D'autres amateurs circulent dans le local d'exposition.
Fabrizio, l'air sombre, fume une cigarette.

GINA : Tu es encore en pleine déprime.
FABRIZIO : Oh ! tout va bien !
GINA *(soupirant)* : Tu penses toujours à *ça* !
FABRIZIO : C'est parce que je t'aime. Parce que tu es si belle... Je voudrais que tu aimes quand je te fais l'*amore* !

Un couple s'approche d'eux, s'intéressant aux meubles exposés. Gina réagit.

GINA : Je t'en prie, Fabrizio...

Elle l'entraîne derrière une tenture qui les isole sommairement. Gina touche fébrilement Fabrizio et l'embrasse avec passion.

GINA : Ah ! Oui !...
FABRIZIO : *Ma...* qu'est-ce que tu fais ?

GINA : Prends-moi ! Fais-le-moi !
FABRIZIO : Ici ?
GINA : Oui, oui...
FABRIZIO : Il y a du monde partout.
GINA : Je m'en fiche.
FABRIZIO : On peut nous voir !
GINA : Je sais, je sais... Mais vas-y !
FABRIZIO : Oh ! *Dio Mio !* C'est maintenant qu'elle a envie !

Un couple de visiteurs s'approche lentement. A demi dévêtus, Gina et Fabrizio s'embrassent et se caressent avidement.
Les visiteurs examinent un élément de décoration suspendu au plafond. On revient sur le tas de vêtements où Gina et Fabrizio achèvent de faire l'amour sur le sol. Fabrizio ôte sa main qui a servi de bâillon à Gina.

Intérieur, enfilade de bureaux vides.

FABRIZIO : Alors, à l'exposition, elle démarre comme un express... et la nuit d'après, au lit, elle reste sans bouger !
HOMME D'AFFAIRES : C'est l'attrait du danger, *mio amico.* La crainte d'être surpris. L'impression malsaine, vicieuse, excitante, de braver le destin ! C'est de ça qu'elle a besoin, croyez-en mon expérience.
FABRIZIO : J'ai compris. Perversion urbaine.
HOMME D'AFFAIRES : Attention, c'est dangereux. Vous allez finir par vous faire prendre.
FABRIZIO : Pas de danger. On ne va jamais au même endroit.

Extérieur, jour, une garden-party.

Dans un jardin, joyeux brouhaha d'une foule d'invités élégants.

UN INVITÉ : Vous n'avez pas vu Fabrizio ?

Un hardi mouvement d'appareil nous permet alors de découvrir, sur le balcon du premier étage, Fabrizio et Gina en train de faire l'amour juste au-dessus de la foule.

Intérieur, studio de photographe.

MARCELLO : Écoute attentivement ce que je vais te dire : vous allez vous faire prendre ! C'est dangereux, arrêtez vos conneries !
FABRIZIO : On a failli se faire piquer la semaine dernière, à l'église. Dans le confessionnal. J'en ai encore des crampes dans les mollets.
MARCELLO : Arrêtez ça avant la catastrophe ! Ça finira mal.

Intérieur, restaurant élégant.

MUSIQUE

Ambiance intime et musicale. Service de grande classe, dîneurs discrets. Un maître d'hôtel apporte le menu à un homme et une femme qui viennent de s'installer dans un box, puis s'éloigne. Tandis que le couple s'absorbe dans l'examen de la carte, la tête de Gina apparaît brusquement sous la nappe, puis disparaît.

FIN DE LA MUSIQUE

Sous la table, entre les jambes des deux dîneurs, Fabrizio embrasse l'épaule nue de Gina, lui prend les seins. Réagissant, Gina empoigne une jambe de la dîneuse et la mord. La femme pousse un hurlement. Tous les dîneurs réagissent et se tournent vers la table incriminée. Ils voient alors Gina, puis Fabrizio, émerger de dessous la table, Gina rassemblant sa robe autour d'elle et Fabrizio refermant sa braguette. Parmi les cris, les exclamations offusqués, avec dignité, Fabrizio paie son repas au maître d'hôtel.

Intérieur, appartement de Fabrizio.

Gina est lovée dans un vaste fauteuil.

GINA : Tu m'en veux ?
FABRIZIO : Je t'aime. Au moins, nous savons que tu n'es pas frigide...
GINA : Tant que nous le faisons en public ! Tu finiras par y prendre goût.
FABRIZIO : J'essaierai.
GINA : J'étais sûre que nous finirions par nous comprendre.

Intérieur, magasin de meubles.

Fabrizio embrasse Gina à demi nue ; ils commencent de faire l'amour dans un stand de meubles. Gina halète bruyamment. Non loin de là, des clients réagissent, en voyant un buffet secoué de soubresauts. Un vendeur cherche d'où viennent ces chocs réguliers et violents.
Le vendeur contourne les meubles et découvre Gina et Fabrizio, rhabillés, très à l'aise au milieu du stand. Fabrizio salue le vendeur d'un coup de tête et s'éloigne tranquillement au bras de Gina.
Celle-ci s'arrête soudain et revient sur ses pas pour aller récupérer son mini-slip sur un buffet. Rejoignant Fabrizio, elle lui tend le slip, il le fourre dans sa poche.

MUSIQUE ET NOIR

Les travestis sont-ils homosexuels ?

Intérieur, jour, chambre à coucher de Sam.

Devant son miroir, Tess enfile sa bague, puis tire sur sa gaine.

SAM : On est vraiment obligés d'y aller si tôt ? C'est écrit dans quel bouquin ?
TESS : Oh ! Sam ! Ce sont les parents du fiancé de Julie. On ne peut pas arriver en retard !
SAM : Écoute, Tess...
TESS : Mouais.
SAM : Tess... depuis quelque temps, je ne me sens pas très bien.
TESS : Oh ! allons chéri, c'est psychosomatique !
SAM : Des migraines à répétition, pour toi, c'est psychosomatique. Comme ça, tout d'un coup, tu es devenue psychiatre ?
TESS : Cesse de râler, Sam ! Ce sont les parents d'Alvin, alors c'est une obligation. Tu sais, Sam, je ne les aime pas plus que toi. Plus précisément, j'ai l'impression que ce sont eux qui nous méprisent...

Leur fille, Julie, entre à ces mots.

JULIE : Je vous ai entendus, et vous savez quoi ? Vous êtes tous les deux paranos. Les parents d'Alvin sont des gens délicieux, et ils vous aiment beaucoup !

Extérieur, et intérieur, dans la voiture.

C'est Julie qui conduit. Sam et Tess se laissent conduire, impassibles.

Intérieur, maison des parents d'Alvin.

Dans l'entrée, George, le père d'Alvin, accueille les arrivants, des verres à la main. Sa femme est auprès de lui.

SAM : Ça, c'est ce que j'appelle une pelouse ! Bien tondue. Pas comme notre forêt vierge.
SYLVIA : Oh ! George, tu entends ça ?
SAM : Pas possible, vous avez un jardinier !
GEORGE : C'est moi, c'est moi !
SAM : C'est vous qui faites le jardin ?
SYLVIA : Oui, c'est lui.
TESS : Sam, as-tu vu les roses ?

Intérieur, salle de séjour.

George est au piano et joue. Musique. Le groupe applaudit.

TESS : Charmant !

Tous sont à table, mangeant, buvant, bavardant.

TESS : Ce n'est pas vous qui avez fait tout ça ?

Sam, qui semble absent, se lève soudain de table.

SAM : Excusez-moi un moment.
SYLVIA *(suite)* : C'est tellement succulent !
TESS : Sam, où vas-tu ?
SAM : Aux toilettes.
GEORGE : C'est au premier, première porte à droite.

Intérieur, couloir du premier.

Sam ouvre la porte de la salle de bains et la claque sans y entrer. Poursuivant son exploration des lieux, il découvre la chambre à coucher, dans laquelle il s'introduit, refermant la porte sans bruit.

Intérieur, salle de séjour.

SYLVIA : Oui, nous préférons les Bermudes à Porto-Rico, par exemple. C'est bien plus agréable.

Intérieur, chambre.

Dans la chambre, Sam ouvre la penderie, en extrait une robe rouge et la tient devant lui, comme pour vérifier qu'elle lui ira. Il glousse d'aise.

Intérieur, salle à manger.

SYLVIA : Bien sûr, j'aime porter une robe habillée de temps en temps, mais, en vacances, j'adore être à l'aise. Je porte des pantalons, des petites robes légères, des petits chapeaux amusants.
GEORGE *(s'essuyant la bouche)* : Votre mari et moi avons eu une petite conversation. C'est un homme... très fin, très intéressant.

Intérieur, chambre.

Sam, entièrement vêtu en femme, marche en se dandinant dans la chambre et prend des mines devant la glace.

Intérieur, salle à manger.

TESS : Oh ! j'adorerais ça ! Je n'ai encore jamais vu de bois sculptés africains.
SYLVIA : Eh bien, ce sont des têtes africaines que nous avons trouvées à... euh...
GEORGE : A Bimini.
SYLVIA : Oui, à Bimini, c'est ça.

GEORGE : On les a eues pour une bouchée de pain. Si je vous disais le prix, vous ne voudriez pas le croire ! Vous aimez les sculptures sur bois ? Eh bien, je vais vous montrer des sculptures sur bois. *(A Sylvia :)* Dis-lui...
SYLVIA : Il faut absolument que vous les voyiez, elles sont littéralement magnif...

Cependant, George a quitté la table, se dirigeant vers l'escalier. Il commence de gravir les marches pour se rendre dans la chambre...

Intérieur, chambre.

Dans la chambre, Sam, au comble du ravissement, s'admire dans ses vêtements féminins. Il déambule sur ses hauts talons, assujettit son chapeau, soulève sa jupe pour révéler ses dessous, bas et porte-jarretelles. Entendant George tousser dans le couloir, il a une réaction de panique. Il cherche un endroit où se cacher. Dehors, le pas de George se rapproche. Sam traverse la chambre et ouvre la fenêtre à guillotine.

Intérieur, couloir et chambre.

George est devant la porte. Il pose la main sur la poignée et pousse le battant. On voit à l'arrière-plan Sam, en train d'enjamber la fenêtre. Au moment où il va le découvrir, George entend la voix de Sylvia qui l'appelle et se tourne vers cette voix.

SYLVIA *(off)* : George !
GEORGE : Oui, chérie ?
SYLVIA *(off)* : Sur l'étagère supérieure de la penderie, ça vient de me revenir !
GEORGE : La penderie ou le placard ?
SYLVIA *(off)* : La penderie, je te dis ! Étagère supérieure.
GEORGE : Étagère supérieure, vu.

Figé, à cheval sur la fenêtre, Sam a suivi ce dialogue avec angoisse. Au moment où George entre enfin dans la chambre, Sam disparaît par la fenêtre.

Extérieur, maison.

Sam, contre la façade de la maison, est suspendu à la fenêtre du premier étage, tandis que, dans la chambre, George cherche les bois sculptés.
Finalement, épuisé, Sam lâche sa prise et tombe du premier étage sur la pelouse. Il se remet sur pied, rajuste son chapeau de femme et traverse hâtivement la pelouse, au moment où deux résidentes du quartier débouchent d'une allée. A leur vue, Sam se détourne et dissimule sa moustache sous un bout de foulard.

Intérieur, salle à manger.

La conversation n'a guère avancé.

SYLVIA : Vous savez, Bimini est un port franc.
TESS : Vous m'en direz tant !
SYLVIA : Et le change nous est extrêmement favorable.

Extérieur, rue.

Sam est immobile dans une allée, examinant la façade de la maison, perplexe quant à la conduite à tenir.

Intérieur, salle à manger.

George fait enfin admirer ses trouvailles à Tess et aux autres.

GEORGE : Ça vient de Bimini. Aux Bahamas.
TESS : Oh !
GEORGE : C'est beau, n'est-ce pas ?
TESS : De toute beauté.
GEORGE : Regardez-moi ça, touchez. Voyez ces détails.
TESS : C'est fort intéressant.
GEORGE : Il faut que votre mari voie ça.

Extérieur, rue.

En courant, un jeune homme vient bousculer Sam et lui arrache son sac à main. Il prend la fuite.

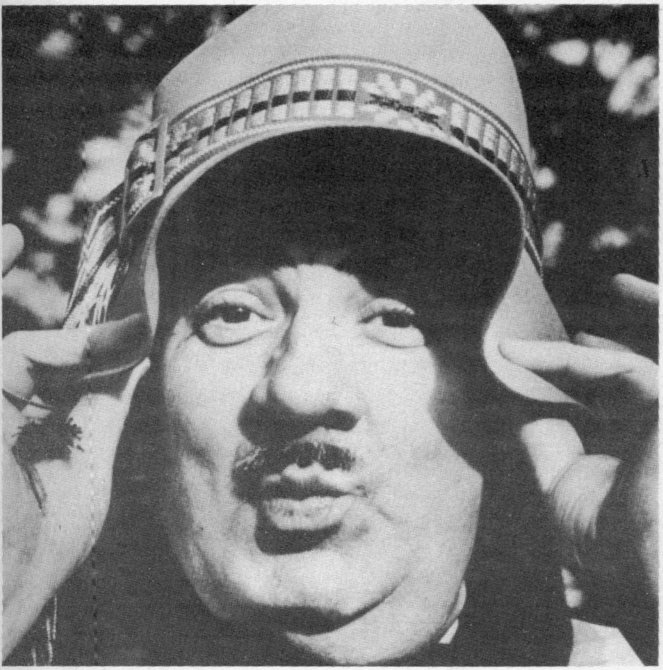

UNE FEMME : Au voleur ! Il a volé un sac !
SAM : A l'aide ! A l'aide ! A l'aide !

Deux femmes, portant des paquets, traversent la rue pour prêter assistance à Sam. Celui-ci maintient son foulard sur sa moustache.

PREMIÈRE FEMME : Nous allons chercher de l'aide.
DEUXIÈME FEMME : Qu'est-ce qui s'est passé ?

Intérieur, salle à manger.

TESS : Je me demande pourquoi Sam est aussi long. Voulez-vous m'excuser un instant ?
SYLVIA : Mais volontiers.

Tess quitte la pièce.

Extérieur, rue.

Les femmes s'attroupent autour de Sam.

PREMIÈRE FEMME : Vous vous sentez bien, madame ?
SAM : Ce n'est rien. Rien qu'une agression de plus dans la rue. Ça arrive quotidiennement, on croit toujours que ça n'arrive qu'aux autres, et...
DEUXIÈME FEMME : Vous avez eu de la chance.
TROISIÈME FEMME : Oui, alors !
SAM : De la chance ? Si on peut dire. Bien sûr, j'aurais pu me faire tuer.

DEUXIÈME FEMME : C'est ce que je voulais dire.
PREMIÈRE FEMME : Vous aviez beaucoup d'argent dans votre sac ?
SAM : Oh ! je ne pense pas !...

Sam s'avise que les femmes regardent avec curiosité la façon dont il cache obstinément sa moustache.

SAM : Vous vous demandez peut-être pourquoi...
UNE FEMME : Oui.
SAM : J'ai un gros rhume, et mon nez coule.
LA FEMME : Oh !
SAM : Vous savez, tout à coup, je ne me sens pas bien...
LA FEMME : Oh ! ces jeunes d'aujourd'hui ! Vous n'avez rien de cassé ?
SAM *(la coupant)* : Mais qu'est-ce qu'on peut faire ? Que faudrait-il faire ? Tout ça, c'est la faute à la société... Oh ! Et à quoi bon se lamenter ?

Intérieur, couloir.

Tess frappe à la porte de la salle de bains.

TESS : Sam, tu es tombé dans le trou ?

Pas de réponse. Elle ouvre la porte et découvre la salle de bains vide.

Extérieur, rue.

Une voiture de police s'arrête. Un agent s'approche du groupe de femmes entourant Sam.

UNE FEMME : Vous êtes sûre que vous n'avez rien ?
L'AGENT : Eh bien, eh bien, eh bien... Où est la dame qui s'est fait dévaliser ?
SAM : Tout va très bien, monsieur l'agent. J'ai pardonné à ce jeune chenapan.
L'AGENT : Je regrette, madame, je vais être obligé de faire un rapport.
SAM : Je refuse de porter plainte, c'est inutile.

Sirène hurlante, une autre voiture de police s'arrête. Deux policiers en descendent.

Intérieur, salle à manger.

Alvin regarde par la fenêtre.

GEORGE : Qu'est-ce que c'est que ce remue-ménage, Alvin ?
ALVIN : Il y a un attroupement, et la police.
GEORGE : La police ?
JULIE : Oh ! c'est excitant ! Un fait divers, j'adore ça !
SYLVIA : Moi aussi. Quand je vois une voiture de pompiers, il faut que je la suive !

Extérieur, rue.

Julie, Sylvia, Alvin, Tess, George se massent sur le

seuil pour suivre les événements. George va vers l'attroupement.

LE SERGENT : Vos nom et prénom.
SAM : Euh... je m'appelle, euh... Jasmine. Jasmine Glitz.
LE SERGENT : C'est un nom peu commun.
SAM : Merci, vous êtes très aimable.
GEORGE *(intervenant)* : Sergent ?
LE SERGENT : Oh ! il n'y a pas de quoi s'alarmer ! Un simple vol à l'arraché, la routine.
GEORGE *(à Sam)* : Un vol... Oh ! madame, je suis désolé pour vous, vraiment désolé !
SAM : J'ai peur de perdre mon bébé.
GEORGE : Un bébé ?
SAM : Eh oui !
GEORGE : J'habite en face. Entrez donc vous allonger un moment.
SAM : Je suis enceinte de trois mois.
GEORGE : Pauvre dame !
SAM : Mon gynécologue m'a interdit toute émotion !
GEORGE : Venez, je vous en prie, entrez, et nous allons...
SAM : Non, non.

Tess, qui s'est approchée entre-temps avec les autres, intervient.

TESS *(sans y croire)* : Sam ?

Se voyant découvert, Sam cesse de cacher sa moustache. Réactions stupéfaites de tous.

TESS *(criant)* : Mon Dieu ! Cette femme, c'est mon mari !

GEORGE : Sam ? Sam !

Sam commence d'arracher ses vêtements féminins devant la foule ébahie, puis tire sur les poils de sa moustache.

SAM : Oui, je suis un homme ! Un homme ! Là ! Voyez ! Tirez sur les poils, tirez !
GEORGE : C'est trop fort ! Sylvia !
SAM : Tess, regarde-moi !

Sam s'effeuille. Il dégrafe sa robe, l'enjambe, arrache sa combinaison. Agitant celle-ci comme un drapeau, il se met à courir en tous sens.

SAM : Regardez ! Regardez ! Regardez ! Hé, aidez-moi à retirer ces affûtiaux !

Il tire sur le soutien-gorge, duquel s'échappent des paquets de rembourrage. Cris horrifiés de la foule.

Intérieur, nuit, chambre à coucher de Sam.

Sam est assis sur le lit.

TESS : Sam, tu aurais dû me dire franchement. J'aurais très bien compris.
SAM : Ce n'est pas le genre de choses dont on parle facilement.
TESS : Sam, nous sommes mariés depuis longtemps. Je t'aime, tu m'aimes. Tu serais venu me dire : « Tess, j'ai l'esprit malade, je suis un désaxé men-

tal. J'ai besoin d'aide. J'ai besoin d'un traitement. Je suis un pervers. Je suis incapable de m'intégrer à des gens normaux et respectables... », j'aurais très bien compris.
SAM : Merci.

Sam sourit à Tess. Celle-ci entre dans le lit.

MUSIQUE

SAM : Tess, j'irai voir le docteur Fillmore, la semaine prochaine.
TESS : Tu me soulages.
SAM : Tu es merveilleuse.

Tess s'allonge auprès de lui et l'embrasse sur la joue.

TESS : Oh ! le regard de ces gens quand le policier a ôté ton chapeau !

Sam part d'un petit rire satisfait.

FIN DE LA MUSIQUE
NOIR

Qu'est-ce que la perversion sexuelle ?

Un écran de téléviseur, sur lequel s'inscrit une émission publicitaire. Titre : Quelle est ma perversion ?

MUSIQUE

VOIX DE L'ANNONCEUR : *Quelle est ma perversion ?*, une émission proposée par Lancer, la lotion capillaire pour hommes.

FIN DE LA MUSIQUE

Un vestiaire de club sportif.

Deux hommes jeunes, en slip, après la douche. L'un essaie de discipliner une chevelure rebelle.

PREMIER HOMME : Dis donc, tu utilises toujours ce même vieux truc pour tes cheveux ?
DEUXIÈME HOMME : Oui, pourquoi ?
PREMIER HOMME : Essaie donc ça.

Il lui tend un flacon de Lancer.

DEUXIÈME HOMME : Du Lancer, vraiment ?
PREMIER HOMME : Allez, vas-y !

Le deuxième homme se frictionne la tête avec le contenu du flacon.

DEUXIÈME HOMME : Hé ! c'est extra ! Bonne odeur, pas de gras...
PREMIER HOMME : Exact. Fixe et stimule le cuir chevelu.
DEUXIÈME HOMME : Et, en plus, ça sent vraiment bon !
PREMIER HOMME *(montrant le flacon au public)* : Lancer, la lotion capillaire qui fixe et stimule.

Un carton apparaît sur l'écran :

LANCER, 1 DOLLAR 98
EN PHARMACIE ET GRANDES SURFACES.

VOIX DE L'ANNONCEUR : « 1 dollar 98 seulement, en vente partout, pharmacies et grandes surfaces. Lancer, pour une chevelure saine et abondante. Un produit des laboratoires K. » Lancer stimule le cuir...

On revient sur les deux hommes qui s'étreignent et échangent un baiser passionné.

Intérieur, studio de télévision (vu sur l'écran du téléviseur).

L'animateur Jack Barry est assis derrière un pupitre. On entend le public du studio applaudir, siffler, acclamer, rire d'aise.

JACK : Merci à tous, merci beaucoup, mesdames et messieurs. Soyez une fois de plus les bienvenus à *Quelle est ma perversion ?* Les membres de notre jury ont l'air en pleine forme, ce soir...

Image des membres du jury et des plaques indiquant leurs noms : Pamela, Regis, Toni, Robert Q.

JACK *(suite)* : Pamela et Toni, ravissantes comme toujours. Regis et Robert Q. très élégants. A présent, membres du jury, nous avons quelques invités très intéressants parmi nous ce soir, et le moment est venu de faire leur connaissance. Alors, premier invité, veuillez signer, je vous prie.

Musique. La main d'un homme trace une signature sur un tableau noir : Bernard Jaffe.

JACK : Bernard Jaffe !

Applaudissements. Jaffe s'incline vers le jury. Jack se lève, la main tendue, pour l'accueillir. Ils s'assoient côte à côte.

JACK : Asseyez-vous, monsieur Jaffe. Ravi de vous avoir ici avec nous...
JAFFE : Merci.
JACK *(suite)* : ... à *Quelle est ma perversion ?* Je pense que vous connaissez les règles de notre jeu ?
JAFFE : Parfaitement.
JACK : Chaque fois que vous répondrez « non » aux questions du jury, vous gagnerez cinq dollars. Et, pour commencer le jeu, vous allez m'avouer à l'oreille quelle est votre perversion, et la réponse apparaîtra

sur l'écran pour les téléspectateurs et les spectateurs du studio.

Jaffe chuchote à l'oreille de Jack. Un titre apparaît sur l'écran : AIME S'EXHIBER DANS LE MÉTRO. On entend le public réagir, murmurer, applaudir.

JACK : Parfait. Eh bien, membres du jury, le public du studio et les téléspectateurs connaissent la perversion de notre ami. Et c'est Robert Q. qui va entamer le questionnaire.
ROBERT Q. : Merci, Jack. Monsieur Jaffe, s'agit-il d'une de ces aimables perversions que tout homme puisse pratiquer ?
JAFFE : N'importe qui peut faire ça.
ROBERT Q. : Vraiment n'importe qui ?
JAFFE : Je suis certain que vous pourriez.
ROBERT Q. : Ah ? Euh... eh bien...
JAFFE : C'est une simple question de volonté.
ROBERT Q. : Je vois, merci. Cette perversion, on la pratique plutôt chez soi, ou n'importe où ?
JACK : Pas n'importe où. *(Consultant une fiche :)* Je crois que ça implique un « non ».
ROBERT Q. : Tant pis.
JACK : Voilà cinq dollars dans votre escarcelle, monsieur Jaffe. Nous passons maintenant la parole à Pamela Mason. Pamela, à vous.
PAMELA : Est-ce quelque chose qu'on fait, euh, avec la main ?

Jack et Jaffe se consultent du regard. Murmures dans le public.

JAFFE : Aidez-moi à répondre, Jack.

JACK : Eh bien, je pense que ça n'a rien à voir avec notre sujet et que nous répondrons « non » à cette question. Voilà dix dollars pour vous, monsieur Jaffe. Maintenant, au tour de Regis Philbin.
REGIS : Quand vous pratiquez votre perversion, avez-vous besoin d'accessoires ?
JAFFE : Vous pouvez préciser ?
REGIS : Vous savez, des cravaches, des bottes de cuir, des...
JAFFE : Oh, non !
JACK : C'est non. Aucun accessoire n'intervient. Et ça fait quinze dollars !
REGIS *(l'interrompant)* : Alors, c'est purement mental...
JACK : Au revoir, Regis Philbin. Je passe la parole à Toni Holt.
TONI : Monsieur Jaffe, est-ce qu'une longue-vue ou des jumelles pourraient vous être utiles ?
JAFFE : A condition qu'elles soient pointées dans la bonne direction.

Hilarité du public.

JACK : Ici, nous pourrions apporter une précision. Ce ne serait pas utile à notre candidat, mais plutôt aux autres.
JAFFE : Précision utile.
JACK : Et dans cette occurrence, Toni, nous sommes obligés de vous répondre « non ».

Jack met en place un carton portant : 20 DOLLARS.

JACK : Juré suivant, Robert Q. Lewis.
ROBERT Q. *(se tenant la tête)* : Êtes-vous... je vais risquer une question directe : êtes-vous un violeur ?

JAFFE : Non, hélas !
JACK : C'est non. Vingt-cinq dollars. La parole à Pamela Mason.
PAMELA : Je passe mon tour à Regis.
REGIS : Vous avez ce qu'il faut sur vous ?
JAFFE *(riant)* : Oui, j'ai toujours l'objet sur moi !

Rires des assistants.

ROBERT Q. *(off)* : Qu'est-ce qu'il peut bien faire ?
REGIS *(intervenant)* : Je crois que j'y suis, je vais faire une proposition.
ROBERT Q. : Eh bien, allez-y, Regis.
REGIS : Vous êtes un bourreau d'enfants !
JACK : Non. Vous êtes tous sur une mauvaise piste. *(A Jaffe :)* Maintenant, vous pouvez le dire, vous avez d'ores et déjà gagné vos cinquante dollars.
JAFFE : Volontiers. J'aime m'exhiber dans le métro.
JACK : Dans le métro, mesdames et messieurs !

Mines désappointées des membres du jury. Applaudissements du public.

JACK : Félicitations, monsieur Jaffe.

Des parasites brouillent l'image du téléviseur. Puis l'animateur réapparaît.

JACK : Et maintenant, le gagnant du concours de la semaine. Comme vous le savez, nous vous offrons chaque semaine la possibilité de jouer de chez vous. Nous vous demandons d'écrire pour nous raconter sincèrement votre perversion. Nous sélectionnons les réponses les plus intéressantes ; nous invitons le vainqueur et nous lui offrons la possibilité de réaliser son fantasme devant nos caméras. C'est donc avec un grand plaisir que je vous présente le gagnant de la semaine !... Mesdames et messieurs, membres du jury, voici, venu tout droit de Munsey, Indiana, notre grand vainqueur, le rabbin Chaïm Baumel !

Baumel entre dans le champ et traverse la scène pour serrer la main de Jack, sous les applaudissements, sifflements et acclamations du public.

JACK : Bravo, félicitations, Chaïm Baumel.
BAUMEL : Excusez-moi, ce n'est pas « Caïm »... ça doit se prononcer « Haïam ».
JACK : Haïam ?
BAUMEL : Très bien, Haïam.
JACK : Eh bien, Rabbi Baumel, j'ai cru comprendre que, outre le fait d'être un respectable ecclésiastique, vous entretenez une perversion tout à fait fascinante.
BAUMEL : Excusez-moi, c'est plutôt une passion.
JACK : Si vous voulez.
BAUMEL : Les bas de soie.
JACK : Ah ! les bas de soie !
BAUMEL : J'aime les bas de soie, les toucher, les embrasser, les... *(Il rit.)*
JACK : Vous dites dans votre lettre que vous aimez surtout vous faire attacher.
BAUMEL : Ligoter, oui.
JACK : Pour cela, nous aurons besoin de l'aide d'un des membres de notre jury. Je demande quelqu'un pour le ligoter. Regis Philbin, vous seriez d'accord ?
BAUMEL : Excusez-moi, il faut que ce soit une fille.
JACK : Une demoiselle, d'accord. Eh bien, nous avons, comme toujours, deux filles ravissantes. Pamela ?

On passe sur Pamela qui se lève et vient auprès du rabbin, assis au centre de la scène.

JACK : Pamela, voulez-vous nous faire l'honneur de ligoter le rabbin ?

MUSIQUE

JACK : Pamela s'apprête maintenant à ligoter Rabbi Baumel, selon les désirs formulés dans sa lettre.

Pamela entreprend de ficeler Baumel sur sa chaise.

PAMELA : Je n'ai guère d'expérience, Rabbi, mais je pense pouvoir y arriver. Si vous avez des instructions particulières... une partie du corps sur laquelle je doive insister... dites-le-moi.
BAUMEL *(riant)* : Pas trop serré !
PAMELA : Voilà.
JACK *(off)* : A présent, un joli mannequin de l'agence de modèles Lucy-Jones va faire semblant d'être la gouvernante de Rabbi Baumel, et va le fouetter !

Une jeune femme court-vêtue apparaît, une cravache à la main, et vient se poster auprès de Baumel.

MANNEQUIN : Oh ! le méchant rabbin !

Elle le fouette.

BAUMEL : Non, pas si fort... J'officie à la synagogue demain matin.
MANNEQUIN : Vous êtes méchant ! Méchant !

JACK : Et maintenant, en apothéose, madame Baumel, la propre épouse du rabbin, que nous avons fait venir par avion de l'Indiana... va prendre place aux pieds de Rabbi Baumel et manger du porc !

Madame Baumel, agenouillée devant une assiette, commence à ronger des côtelettes.

MUSIQUE

MANNEQUIN *(suite)* : Oh ! qu'il est méchant ! Mauvais rabbin ! Ne recommencez jamais ! Méchant !
JACK : Eh bien, mes amis, c'est ça, l'Amérique ! Un autre heureux gagnant a enfin obtenu la réalisation de son fantasme !

Le public du studio hurle, siffle, murmure, acclame, applaudit, pendant toute la conclusion de l'animateur.

JACK : C'était votre ami Jack Barry, qui vous dit à bientôt et vous souhaite bonne chance de notre part à tous. Nous vous donnons rendez-vous la semaine prochaine pour *Quelle est ma perversion ?*

FIN DE LA MUSIQUE ET NOIR

Les recherches médicales sur le sexe donnent-elles des résultats probants ?

Extérieur, jour, routes.

Dans sa voiture, Victor abandonne l'autoroute pour un chemin de terre et stoppe devant une station d'essence (SERVICE 24 H SUR 24 - VIDANGE - GRAISSAGE). Un employé sort du bâtiment tandis que Victor met pied à terre.

VICTOR : Mettez-moi pour cinquante *cents* d'ordinaire.
LE POMPISTE : C'est comme si vous l'aviez.

Appuyé à la voiture, Victor voit arriver Helen, à pied. Elle s'adresse au pompiste.

HELEN : Excusez-moi, ma voiture est tombée en panne à trois kilomètres. Pourriez-vous envoyer quelqu'un pour la remorquer ?
LE POMPISTE : Bien sûr, m'dame, tout de suite.
HELEN : Merci beaucoup. Dites, nous sommes loin de la maison du docteur Bernardo ?
LE POMPISTE : Ben... environ dix kilomètres.

HELEN : Oh ! zut !
VICTOR : Mademoiselle...
HELEN : Oui ?
VICTOR : Vous ai-je bien entendu dire que vous alliez chez le docteur Bernardo ?
HELEN : Mouais.
VICTOR : J'y vais aussi, je pourrais vous déposer.
HELEN *(riant)* : Oh ! chic ! Ça, c'est formidable !
VICTOR : D'accord ?
HELEN : D'accord.
VICTOR : Eh bien, c'est parti.

Dans la voiture.

HELEN : Vous êtes un ami du docteur Bernardo ?
VICTOR : Pas exactement. Je dois travailler avec lui et l'assister dans ses expériences.
HELEN : Êtes-vous aussi un phénomène sexuel ?
VICTOR : Oui... enfin... j'étais premier en biologie au collège. Je cherche depuis longtemps à travailler avec le docteur, vous savez. C'est une de mes idoles... Je ne sais pas si vous êtes au courant, mais il a été le premier homme au monde à mesurer les ondes sonores provoquées par une érection.
HELEN : Oui, je sais.
VICTOR : Vraiment ?
HELEN : Je suis reporter au *Globe*. Je vais interviewer le docteur Bernardo pour un article dans notre supplément du dimanche.
VICTOR : Mince, une journaliste !
HELEN : Mouais.
VICTOR : Vous savez, vous êtes plutôt mignonne.

HELEN : Faites-moi plaisir, regardez plutôt la route !
VICTOR : Comment vous appelez-vous ?
HELEN : Helen Lacey, et vous ?
VICTOR : Victor Shackelpopoulos.

Extérieur, crépuscule.

Le soleil se couche quand la voiture de Victor s'engage dans l'allée menant à une vaste bâtisse aux fenêtres éclairées. Victor et Helen vont jusqu'à la porte. Victor frappe avec le heurtoir. Au bout d'un moment, la porte s'ouvre en grinçant sur un gnome bossu, Igor. Ce dernier émet des sons indistincts. Légère inquiétude de Helen et Victor.

VICTOR : Le docteur Bernardo est chez lui ?

Igor tend le bras et grommelle des paroles incompréhensibles.

HELEN : Je pense qu'il veut nous dire d'entrer.

Intérieur, soir, maison Bernardo.

Helen et Victor suivent Igor dans un hall inquiétant.

VICTOR : Vous comprenez, le docteur nous attend...
HELEN *(riant)* : Oh ! Quel drôle d'endroit !
VICTOR : Ouais, c'est vraiment sensass. *(A Igor :)* Votre décorateur est toujours vivant ?
HELEN *(frissonnant)* : Il fait froid.

VICTOR *(à Igor)* : Alors, qu'est-ce qu'on fait ? Le docteur Bernardo est ici ou quoi ?
BERNARDO *(off)* : Je suis le docteur Bernardo !

Ils se retournent, découvrant le docteur qui achève de descendre un escalier. Victor se rapproche de Helen, qui a un mouvement de recul.

BERNARDO : Vous devez être Victor, et vous Miss Lacey. *(A Igor :)* Igor, je croyais t'avoir ordonné de rester dans ta chambre !
IGOR : ...

Bernardo, qui tient un fouet, en frappe Igor. Sous la grêle de coups, Igor gémit, puis prend la fuite dans l'escalier, sous l'œil effrayé des deux visiteurs.

BERNARDO : Excusez-le. Généralement, il reste dans sa chambre. Vous savez, on a de gros problèmes avec la domesticité, de nos jours... Suivez-moi, il est l'heure de dîner.
VICTOR : Euh, oui.
HELEN : Hum.
VICTOR : Il paraît que vous êtes réputé pour vos galettes de pommes de terre...

Intérieur, salle à manger.

HELEN *(riant)* : Docteur Bernardo, vous n'imaginez pas à quel point je suis excitée d'être ici. J'ai envie de vous connaître depuis si longtemps !
VICTOR : C'est vrai. Je suis vraiment impatient de

vous aider dans vos expériences. Je ne sais pas si vous avez lu mon dernier livre, *Les Positions sexuelles d'avant-garde et comment les pratiquer sans rire*. On le considère déjà comme un classique.

BERNARDO : Je le connais très bien.

HELEN : C'est merveilleux de voir comment vous, les scientifiques, avez fini par vous intéresser à la sexualité. Au *Globe*, toutes les filles pratiquent votre méthode de respiration pendant l'orgasme.

BERNARDO : Une simple amusette, comparée à mes véritables travaux.

VICTOR : Docteur, j'ai lu une de vos déclarations, comme quoi la longueur moyenne du pénis devrait être de quarante centimètres... N'est-ce pas un peu exagéré ?

BERNARDO : Exagéré ? Mon jeune ami, j'ai fait dans ce domaine des découvertes que vous ne pourriez même pas imaginer !

VICTOR : Je m'en doute, mais tout de même... quarante centimètres...

BERNARDO : Ça n'a rien de fou, comme ils le disent à la clinique Masters et Johnson ! Ils me traitent de fou ! Parce que j'ai exploré des domaines de la sexualité que n'avaient jamais osé envisager des esprits humains de moindre envergure ! J'ai été le premier à découvrir comment rendre un homme impuissant rien qu'en cachant son chapeau ! J'ai été le premier à expliquer la relation entre masturbation excessive et engagement politique ! J'ai été le premier à revendiquer l'orgasme clitoridien pour les hommes !... Et ils ont ri de moi, m'ont ridiculisé, traité de fou ! *(Rire inquiétant.)* Mais je leur ai fait voir ! Ils m'ont renvoyé de chez Masters et Johnson ! Sans indemnités ! Pourtant, je les avais méritées. Mais je leur ai fait voir !

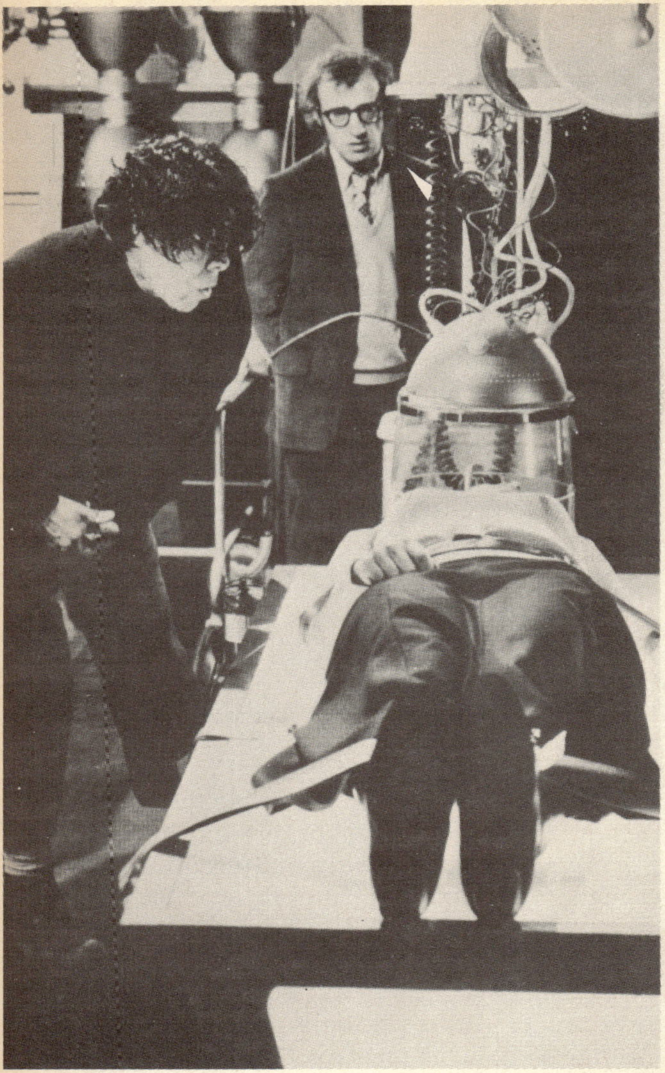

Il éclate d'un rire monstrueux, auquel se joignent sans conviction Helen et Victor. Bernardo se lève.

BERNARDO : Venez, il faut que je vous montre mon laboratoire.
VICTOR : Y a pas de dessert ?
BERNARDO : Igor, débarrasse cette table, et plus vite que ça ! Je vous en prie, excusez Igor. Je l'ai pris pour sujet dans une expérience qui a raté. A l'aide d'une dynamo, je lui ai procuré un orgasme qui a duré quatre heures d'affilée. *(Riant :)* Il était ravi, mais voilà le résultat.

En sortant de la pièce, Helen et Victor marquent un temps d'arrêt auprès d'Igor.

VICTOR *(à Igor)* : On se tient droit !

Intérieur, laboratoire.

BERNARDO : Nous y voici. C'est ici que je mets au point mes nouvelles recherches sur le sexe. Un jour, ces travaux feront de moi un grand homme !

Un homme et une femme sont étendus, sur des couchettes parallèles, reliés par des capuchons à une extraordinaire machinerie électrique.
Dans une cage, une femme dort, sanglée, avec des tuyaux émergeant d'un peu partout.

HELEN : Docteur Bernardo, de quoi s'agit-il ?
BERNARDO : Suivez-moi, vous verrez.

Bernardo ouvre une porte. Dans la salle voisine, un hippopotame couvert d'électrodes ouvre et ferme la gueule sans arrêt.

BERNARDO : Ici, j'étudie l'éjaculation précoce chez l'hippopotame.
VICTOR : Ah ! Ils ont aussi ce problème ?

Par une lucarne grillagée, ils regardent dans un autre compartiment du labo.

BERNARDO : Ici, j'oblige un sujet à faire l'amour avec un pain de seigle géant.

Effectivement, un homme est étendu, étreignant un gros pain de mie.

BERNARDO : Entre eux, c'est l'accord parfait.

Ils arrivent en présence de l'homme et de la femme étendus, en cagoules.

BERNARDO : Je compte greffer le cerveau d'une lesbienne sur le corps d'un employé du téléphone.
VICTOR : Oui, mais pourquoi ? A quoi ça pourra bien servir ?
BERNARDO : Ça va faire réfléchir tous ces cinglés qui me prennent pour un fou ! Suivez-moi.
HELEN : Mais, docteur, c'est immoral !
BERNARDO : Foutaises. L'esprit humain est capable des choses les plus étranges. Regardez.

Une femme est traversée de tuyaux dont les extrémités plongent dans des bassins remplis de liquide bouil-

lonnant. L'image met en valeur la poitrine de la femme.

BERNARDO : Ça fait un an que je la nourris uniquement de silicones. Elle était plate comme la main... Donnez-moi encore un an, et vous verrez !

En regardant la femme, Bernardo émet des bruits obscènes.

HELEN *(outrée)* : Vous êtes fou !
BERNARDO : C'est ce qu'ils ont dit, chez Masters et Johnson. Tout ça parce que j'avais inventé un stérilet de cent vingt mètres de diamètre ! Le contrôle des naissances pour tout un pays, d'un seul coup !

Ils s'approchent d'une autre porte.

BERNARDO *(à Helen)* : Venez, vous serez le sujet de ma nouvelle expérience.
HELEN : Moi ?
BERNARDO : Oui, regardez-moi ça.

Il ouvre la porte. Une salle est remplie de boy-scouts qui piétinent sur place en poussant des grognements.

BERNARDO : Là-dedans, j'ai vingt louveteaux. Je veux mesurer votre rythme respiratoire quand ils vont tous vous caramboler.
HELEN : Je ne veux pas !

Tumulte des louveteaux. Bernardo referme la porte. Helen se réfugie auprès de Victor. Alors Bernardo tire de sa poche un revolver et le braque sur eux.

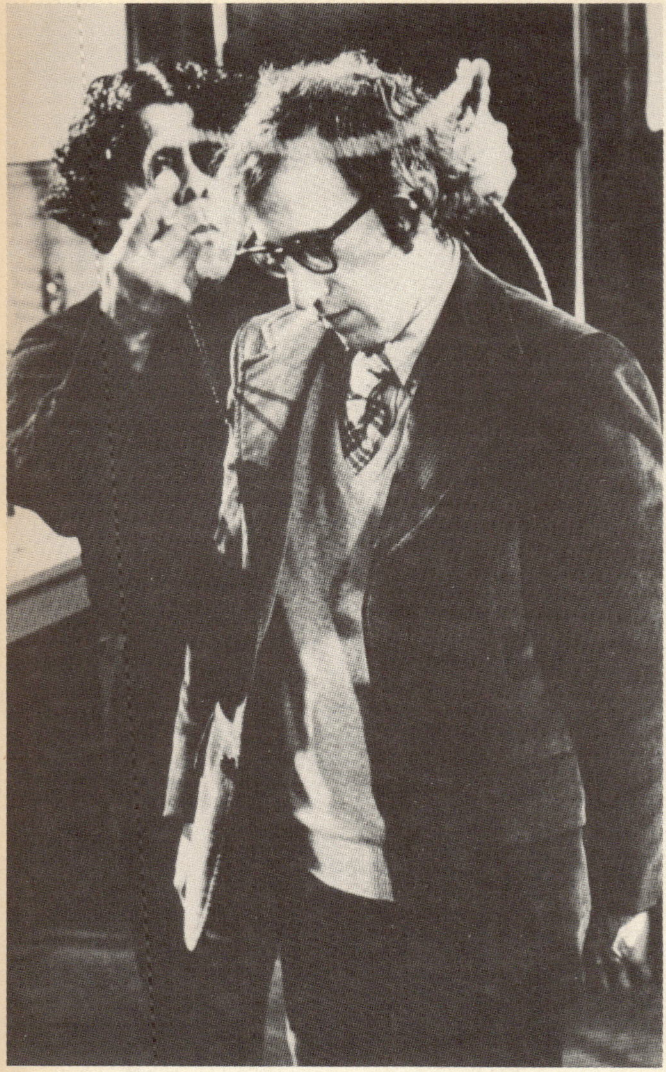

BERNARDO : Écartez-vous d'elle. Pourquoi voulez-vous l'empêcher d'en profiter ?
VICTOR : Tirez si vous l'osez ! Nous vous poursuivrons pour exercice illégal.
BERNARDO : Igor !

Igor surgit et capture Victor à l'aide d'une corde.

HELEN : Victor, Victor, faites quelque chose !
VICTOR : Helen, croisez bien les jambes !
HELEN : Au secours, Victor !

Victor est ligoté. Igor aide alors Bernardo à coucher Helen sur une table. Elle se débat de son mieux, mais se trouve immobilisée par des sangles.
Pendant ce temps, Victor parvient à se défaire de ses liens et se jette sur Bernardo, qui saisit son arme. Les deux hommes luttent pour la possession du revolver. Le coup part.
Le projectile atteint l'appareillage qui explose. Toutes les machines, par réaction en chaîne, explosent les unes après les autres. Le laboratoire entier s'enflamme. Victor s'est emparé du revolver. Bernardo s'enfuit. Victor libère Helen. Ils se mettent à courir tandis que tout explose de plus belle. En grésillant, le bac à silicones commence à se vider...

Extérieur, nuit.

Helen et Victor franchissent le mur d'enceinte. Ils montent précipitamment dans la voiture. Victor met le contact.

VICTOR : Et, en plus, on leur doit un dîner !

Le moteur refuse de démarrer.

HELEN : Quelque chose ne va pas ?
VICTOR : La batterie est morte, et nous sommes en panne d'essence, d'huile et d'eau.

Ressortant de la voiture, ils se mettent à courir. La maison est la proie des flammes. On entend des cris lamentables.

VICTOR : Qu'est-ce que c'était ?
HELEN : On aurait dit Igor... Oh ! Victor, regardez !

MUSIQUE

Dans un bruit gigantesque, une muraille s'écroule sous la ruée d'un gigantesque sein nourri de silicones, qui semble vouloir les prendre en chasse.

VICTOR : Mon Dieu ! Un nichon géant !
HELEN : Victor, qu'allons-nous faire ?
VICTOR : Vous, je ne sais pas, mais, moi, je file à la maison chercher mon gant de base-ball.

Écrasant tout sur son passage, le sein se dirige dans leur direction.

VICTOR : Il semble en colère. Le téton est tout congestionné.
HELEN : Venez, Victor, partons d'ici !
VICTOR : Pas si vite. Il n'y avait que des garçons dans ma famille... Il est vraiment superbe.

Helen entraîne Victor, qui la suit à regret.

FIN DE LA MUSIQUE

VICTOR : Vraiment splendide.

Intérieur, bureau du shérif de Woods County.

Le shérif tape à la machine quand Helen et Victor font irruption.

VICTOR : Shérif, je voudrais signaler un sein en vadrouille.
LE SHÉRIF : Un quoi ?
HELEN : Il s'est échappé. Il a déjà tué deux personnes, le docteur Bernardo et son assistant.
LE SHÉRIF : Un sein criminel ? Qu'est-ce que vous avez bu ?
VICTOR : On n'a pas de temps à perdre en discussions ! Pendant que nous sommes là, un néné colossal ravage le pays !

Extérieur, campagne.

Au bord d'un lac paisible, un jeune couple flirte dans une décapotable. La fille pousse de petits rires aigus, tandis que le garçon lui pelote les seins.

LE GARÇON : Tu as la plus belle paire de nibards...
LA FILLE *(le repoussant)* : Assez, Roy.

La musique de l'autoradio est couverte par des parasites.

LA FILLE : Hé ! y a ta radio qui cafouille !
LE GARÇON : T'inquiète pas de ça.
LA FILLE : Mais, écoute, on n'entend plus rien !

Dans le rétroviseur, le garçon découvre alors l'énorme sein ambulant.

LE GARÇON : Oh ! Seigneur ! C'est pas vrai !
LA FILLE : Mon Dieu ! Qu'est-ce que c'est ?
LE GARÇON : Sauve-toi !

Médusé, le jeune garçon regarde le sein qui s'approche de lui, menaçant, la mamelle dardée.

Intérieur, bureau du shérif.

Branle-bas de combat. Le shérif donne des ordres par radio.

LE SHÉRIF : Qu'on recherche un gros sein de femme.
VICTOR : Taille trois mille cinq cents large.
LE SHÉRIF *(au micro)* : Taille environ trois mille cinq cents large. Allons-y !

Extérieur, jour, autoroute.

Le sein, comme glissant sur un coussin d'air, pro-

gresse avec lenteur sur l'autoroute, dans un bruit de clapotis et de bulles qui éclatent.

Extérieur, jour, zone parking.

Le cadavre du jeune garçon flotte dans une mare de lait. Victor trempe un doigt dans le liquide et l'examine.

LE SHÉRIF : Nous arrivons trop tard, hélas ! Il est mort.
VICTOR : Englué dans la crème, puis noyé dans le lait. Nous avons affaire à un nichon à deux coups, très vicelard, avec écrémeuse incorporée. Il a plus d'un tour dans son sein.
HELEN : Victor, que pouvons-nous faire pour intercepter ce gicleur diabolique ?
VICTOR : J'ai une idée, mais il me faudrait trouver une espèce de camouflage.
LE SHÉRIF : Je peux vous procurer tout ce dont vous aurez besoin.
HELEN : Victor, par pitié, ne courez pas au-devant du danger !
VICTOR : Ce n'est pas mon intention. Dans les seins, j'en connais un bout !

Helen se penche pour embrasser Victor, qui reluque sa poitrine.

Extérieur, campagne.

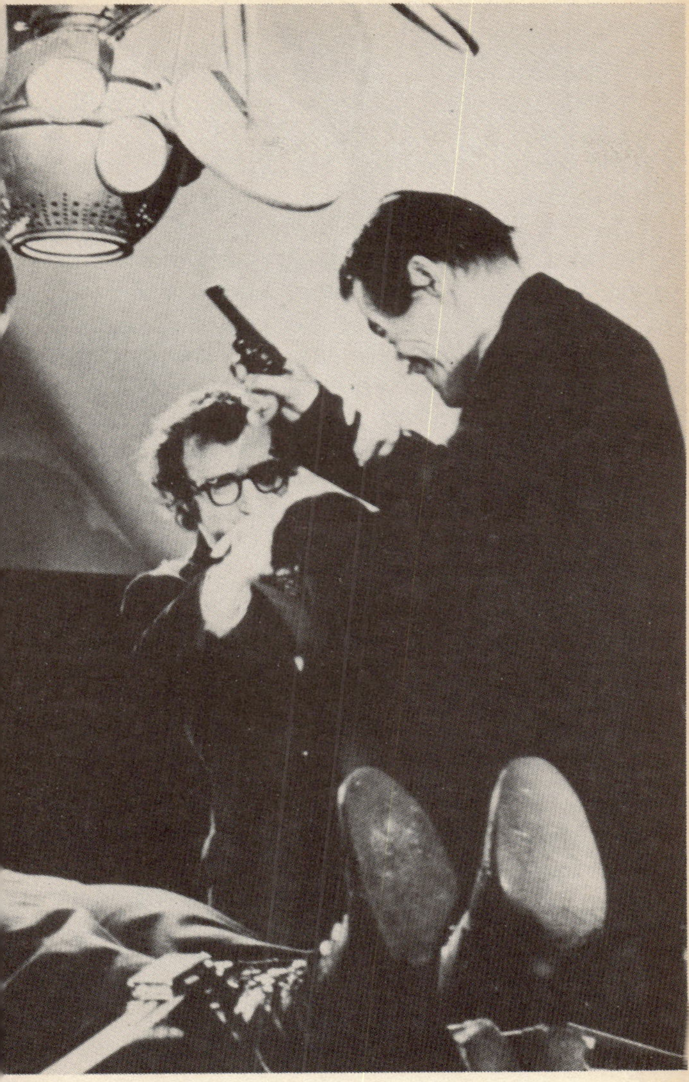

MUSIQUE

Victor fait les cent pas. Le bruit de bulles annonce l'arrivée du sein géant. Courageusement, Victor fait face au péril.
Le téton projette une rafale de lait. Victor esquive d'un mouvement rotatif. Il tire de sa poche un crucifix qu'il brandit à la face du sein.
Le sein crache un furieux jet de lait, que Victor esquive d'un bond. Brandissant toujours sa croix, Victor attire le sein vers un filet camouflé.
Le filet se soulève brusquement. En son milieu nous voyons un énorme soutien-gorge déployé.
Victor guide le sein vers le piège. Le shérif et ses adjoints veillent à la capture. Le sein pénètre dans l'un des bonnets du soutien-gorge.
Helen vient se jeter dans les bras de Victor.

FIN DE LA MUSIQUE

HELEN : Victor, je suis si fière de vous ! Vous avez réussi !
VICTOR : Ce n'est rien.
HELEN : J'ai eu si peur pour vous. Vous avez dû avoir peur.
VICTOR : Vous plaisantez ? Ai-je l'air d'un couard ?
HELEN : Moi, j'avais peur que vous ne soyez materné à mort !
LE SHÉRIF : Eh bien, maintenant, tout est réglé. Vous n'avez plus rien à craindre question lolo. Il n'y a qu'une chose qui me turlupine. On en a attrapé un, bon, mais vous êtes sûrs qu'il n'y avait pas la paire ?
VICTOR : C'était un mono.

LE SHÉRIF : Je veux bien, mais généralement ils voyagent en couple.
VICTOR : Non, non, ne vous caillez pas le lait pour ça.
LE SHÉRIF : C'est la première fois que j'en vois un solitaire. Deux, oui, mais un seul, jamais. Alors voilà ce que nous allons faire, nous allons prendre son empreinte tétonnière, histoire d'identifier le suspect, vous pigez ? Je pense qu'on le mettra en liberté surveillée pendant trois mois, environ, et on le confiera à l'orphelinat, parce qu'il y a des tas de bébés affamés, là-bas. Allez, bonne route, et méfiez-vous des rondeurs.

Le shérif serre la main de Victor. Helen et Victor s'éloignent vers le sommet de la colline.

HELEN : Tout à l'heure, vous avez été magnifique. C'est alors que j'ai compris que vous me plaisiez.
VICTOR : Voyez, je n'avais pas l'intention de vous le dire, Helen, mais je me suis senti personnellement impliqué dans cette affaire. Je n'ai jamais parlé de ça à personne mais, quand j'étais bébé, on m'a nourri aux faux seins… Mais, en fin de compte, toute cette aventure m'a appris quelque chose ; c'est que, en ce qui concerne le sexe, il y a des choses qu'on ne doit pas connaître. Et, avec ma veine habituelle, ce sera sûrement mon cas.

Ils s'immobilisent, s'étreignent, s'embrassent. Nous voyons leurs silhouettes se découper sur le soleil couchant au sommet du mamelon.

MUSIQUE ET NOIR

Que se passe-t-il pendant l'éjaculation ?

Intérieur, salle de contrôle.

Une foule de techniciens s'affairent autour d'un important appareillage : cadrans, écrans cathodiques, ordinateurs. Partout clignotent des voyants multicolores. L'opérateur porte en permanence un micro suspendu devant la bouche.

OPÉRATEUR : Ici le cerveau. Enclenchez fonction motrice 12. Vérifiez. Démangeaison de la jambe.

L'aiguilleur s'empresse, manipule des boutons sur une console. Il lance dans son émetteur :

AIGUILLEUR : Grattez jambe gauche.

Un technicien, vérifiant sur un écran de contrôle, se retourne.

TECHNICIEN 1 : Jambe gauche grattée.

On passe sur d'autres techniciens, coiffés de casques émetteurs-récepteurs.

TECHNICIEN 2 : Une blague se prépare en 4, 1.
OPÉRATEUR : Préparez réponse à la plaisanterie.
TECHNICIEN 3 : Réponse plaisanterie, paré. 18 point 2.
AIGUILLEUR : Sourire, s'il vous plaît.
TECHNICIEN 4 : Il sourit.
OPÉRATEUR : Cerveau à estomac. Cerveau à estomac.

Intérieur, estomac.

Les techniciens de l'estomac et leur chef d'équipe sont au repos.

CHEF D'ÉQUIPE : Estomac à cerveau, je vous reçois 5 sur 5.
OPÉRATEUR *(off)* : Nourriture en vue.
CHEF D'ÉQUIPE : Des détails ?
OPÉRATEUR : Fettucine.
CHEF D'ÉQUIPE : Bon Dieu ! *(A ses hommes :)* De la bouffe italienne arrive !

Le tube stomacal s'ouvre et d'énormes paquets de pâtes en sauce dégringolent sur le sol de l'estomac. Les hommes grommellent.

UN MANŒUVRE : J'aime pas la cuisine italienne.

L'équipe, avec un bulldozer et des balais éponges, s'emploie à balayer et nettoyer les amas de nourriture. Par la cavité stomacale, un flot de vin vient se mélanger aux pâtes en sauce. Les hommes grommellent sous cette pluie rougeâtre.

Intérieur, cerveau.

AIGUILLEUR : Estomac procède à digestion fettucine.

Clignotants sur un panneau de contrôle.

OPÉRATEUR : Ici, Mission Contrôle, Mission Contrôle. Tenez-vous prêts pour vérification du système nerveux.

Le chef de centre s'approche de l'opérateur, lui offre une cigarette.

OPÉRATEUR : Eh bien, qu'est-ce que tu en penses ? Non merci. Tu crois qu'on va baiser ce soir ?
CHEF DE CENTRE : Je suis assez optimiste. La fille qu'il a invitée à dîner est très jolie. Tu l'as vue ?
OPÉRATEUR : Non, j'ai pas eu le temps, on n'a pas su où donner de la tête. J'ai vraiment cru devenir cinglé !
CHEF DE CENTRE : Elle est vraiment canon, tu devrais jeter un œil. *(Au micro :)* Cerveau à yeux. Cerveau à yeux, répondez.

Intérieur, yeux.

SPÉCIALISTE DES YEUX : Yeux à cerveau, je vous reçois 5 sur 5.

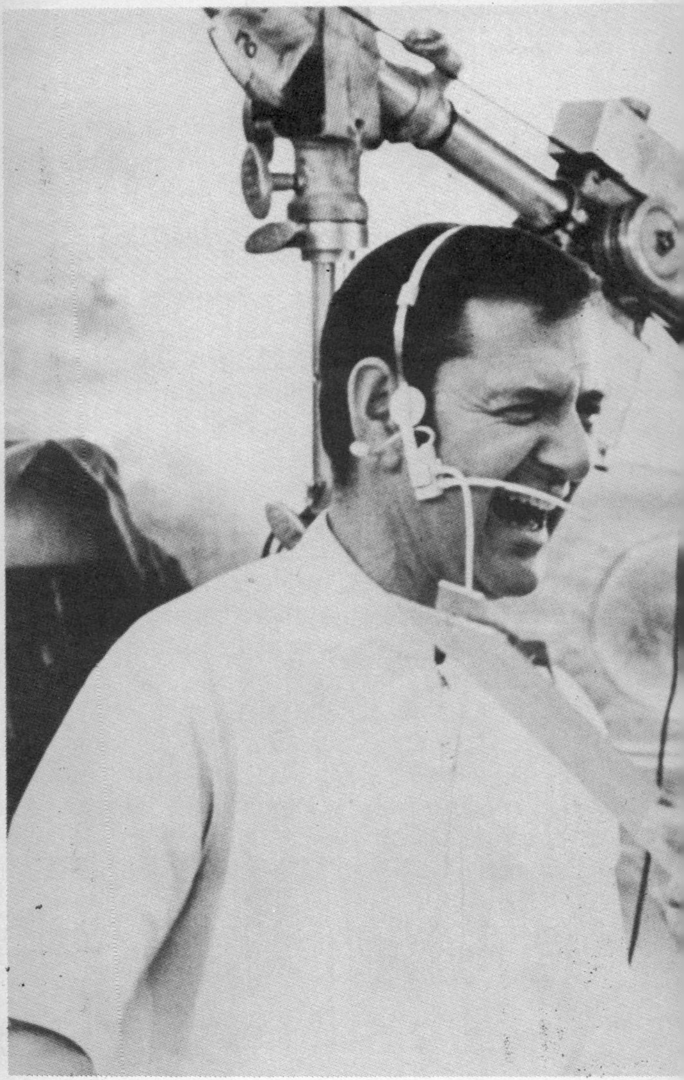

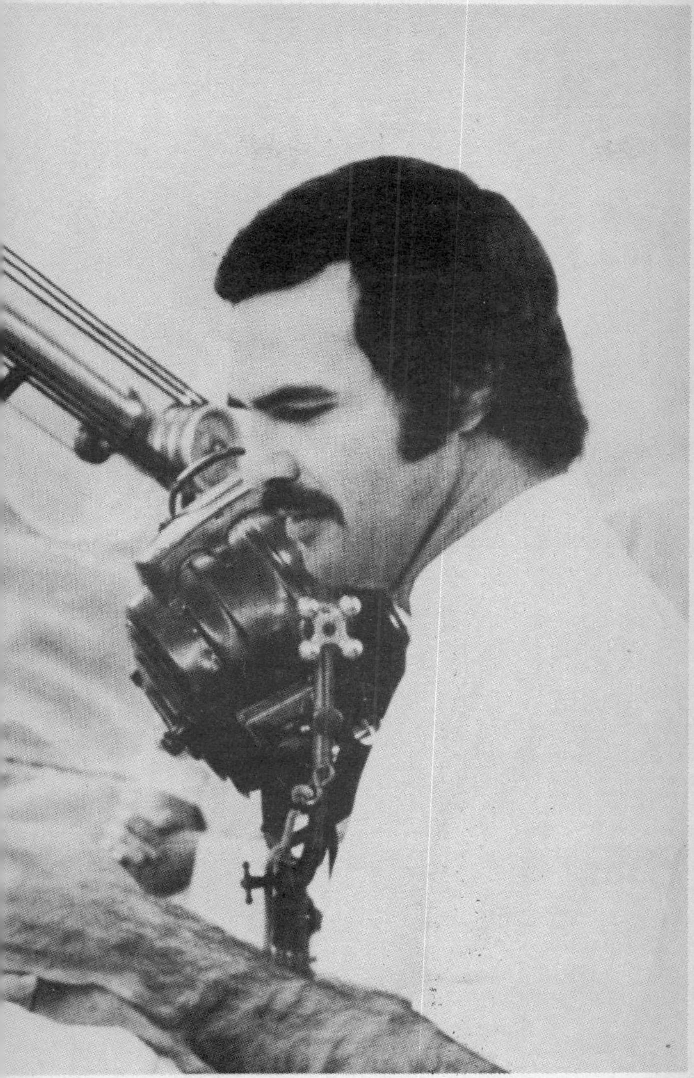

CHEF DE CENTRE *(off)* : Faites le point sur la fille. Je veux vérifier quelque chose.
SPÉCIALISTE DES YEUX : Vous voulez le corps entier ?
CHEF DE CENTRE *(off)* : Oui, si possible. Maintenant.

Intérieur, cerveau.

L'opérateur applique ses yeux à un binoculaire. Le chef de centre vient se placer derrière lui.

OPÉRATEUR : Hé, hé !

Intérieur, restaurant.

La jeune femme, face à la caméra. Derrière elle, ambiance du restaurant.

OPÉRATEUR *(off)* : Ce serait une honte de la laisser échapper, celle-là !
CHEF DE CENTRE *(off)* : Et comment !
OPÉRATEUR *(off)* : Oh, là, là ! quelle plante !

Intérieur, cerveau.

CHEF DE CENTRE : Cerveau à oreilles, cerveau à oreilles. On peut nous brancher le son, par ici ?

Intérieur, restaurant.

LA JEUNE FEMME : En ce qui me concerne, Norman Mailer possède exactement cette dualité affirmation-négation que seuls un Proust ou un Flaubert ont pu atteindre jusqu'ici...

Intérieur, cerveau.

OPÉRATEUR : Une intello ! Ça me semble mal parti !

Intérieur, restaurant.

LA JEUNE FEMME *(suite)* : ... je suis diplômée de l'université de New York...

Intérieur, cerveau.

OPÉRATEUR *(rassuré)* : C'est bon ! on va y arriver !
CHEF DE CENTRE : Tout de même, je suis inquiet.
OPÉRATEUR : Tu crains une débandade ?
CHEF DE CENTRE : Oui. Tout le monde peut subir un échec de temps en temps, mais, deux fois de suite, ça pourrait indiquer une sérieuse baisse de confiance en soi.
OPÉRATEUR : C'est un fait.
CHEF DE CENTRE : Eh bien, voyons ce qu'on peut faire pour lui remonter le... moral.

OPÉRATEUR : Pas de panique. On va arranger ça.

Intérieur, restaurant.

LA JEUNE FEMME : On va chez moi ou chez vous ? Pour moi, ça ne fait aucune différence... Hé ! pourquoi cet air angoissé ?

Intérieur, cerveau.

Réagissant, l'opérateur lève la tête de ses oculaires et hurle :

OPÉRATEUR : Nom de Dieu ! Qui m'a balancé cette expression angoissée ? Allez ! Je veux savoir qui a envoyé l'angoisse !

L'aiguilleur consulte ses cadrans, appuie frénétiquement sur des boutons.

AIGUILLEUR : Personne. Il doit y avoir un court-jus quelque part !
OPÉRATEUR : On avait bien besoin de ça ! Mission Contrôle. Mission Contrôle ! Prêts pour le lancement... On dirait bien qu'ils vont le faire !

Intérieur, salle de lancement du sperme.

Tous les spermatozoïdes sont assis face à face, immobiles, sous les ordres.

VOIX : Attention, sperme, attention, sperme.

Les spermatozoïdes se lèvent comme un seul sperme.

VOIX : Prêts pour l'éjection !
SPERMATOZOÏDE 1 : Et voilà ! C'est reparti !
SPERMATOZOÏDE 2 : Tu crois qu'on va sauter, cette fois-ci ?
SPERMATOZOÏDE 3 : J'espère que c'est pas encore une fausse alerte.
SPERMATOZOÏDE 1 : En bas, ils ont des problèmes techniques.
SPERMATOZOÏDE 2 : Bah, on m'a dit que, tout ça, ça vient du mental... Eh ! toi ! fais gaffe, tu marches sur ma queue !
SPERMATOZOÏDE 1 : Oh ! désolé !

Intérieur, cœur.

Penché sur son écran, le technicien du cœur surveille les battements d'un énorme cœur rouge.

TECHNICIEN CŒUR : Les facteurs cardiaques sont équilibrés. On aurait besoin d'un peu plus d'adrénaline.

Intérieur, centre des hormones.

TECHNICIEN ADRÉNALINE : Ici, adrénaline. On pompe tant que ça peut.

Extérieur, restaurant, dans la voiture.

La main de Sidney achève de déboutonner le chemisier de sa compagne. On remonte sur le visage extatique de la jeune femme.

LA JEUNE FEMME : Oh ! mon Dieu ! Sidney, tu ne peux pas attendre ? Tu veux faire ça ici, en plein milieu du parking ?

Intérieur, cerveau.

Toute l'équipe est attentive, chacun à son poste.

OPÉRATEUR : Signalez à la voix de répondre par l'affirmative.
AIGUILLEUR : Alerte à tous les systèmes ! On va essayer de se la sauter maintenant, dans la voiture !

Enchaînement rapide : mains enclenchant des manettes, pressant des boutons, tournant des potentiomètres. Voyants multicolores clignotant. L'opérateur regarde dans le binoculaire.

OPÉRATEUR : Les oreilles, vite ! Les oreilles !

Dans la voiture.

La jeune femme ôte son chemisier. Sa poitrine apparaît, moulée dans un soutien-gorge.

LA JEUNE FEMME : J'ai déjà fait ça dans des voitures, mais toujours capotées.

Intérieur, cerveau.

OPÉRATEUR : Préparez-vous pour le lancement.
AIGUILLEUR : Cerveau à parties sexuelles. Procédez à l'érection.

Intérieur, parties sexuelles.

Une équipe de gros bras tourne les manivelles d'un énorme treuil.

CHEF D'ÉQUIPE : Allons-y, du nerf, les gars ! Allons, levez-moi ce morceau, les enfants ! Bien synchrones !

Dans la voiture.

La jeune femme se débarrasse de son soutien-gorge, agitant de façon suggestive sa langue.

Intérieur, cerveau.

OPÉRATEUR : Sortez la langue ! Ça urge !

Intérieur, bouche.

Un technicien surveille la sortie d'une énorme langue posée sur un tapis roulant. Des manœuvres, munis de balais brosses, humectent la langue à mesure.

Intérieur, cerveau.

OPÉRATEUR : Le baiser est imminent. Tenez bon !... Ça vient !... J'appelle le centre du plaisir...

Intérieur, centre du plaisir.

Emprisonné dans un globe transparent, un homme gesticule, au bord du plaisir. Par un haut-parleur, on entend la voix de Sidney, qui halète et gémit.

Intérieur, cerveau.

OPÉRATEUR *(dans son micro)* : Payons-nous une belle érection... Mais qu'est-ce qu'ils foutent en bas, bordel !

Intérieur, parties sexuelles.

Les manœuvres s'épuisent à manipuler l'énorme treuil de l'érection.

CHEF D'ÉQUIPE : Je sais que vous pouvez y arriver, les enfants !

Flapis, les hommes lâchent la manivelle, qui repart en arrière.

CHEF D'ÉQUIPE : Nom de Dieu, les gars ! Qu'est-ce que vous branlez, à la fin ?

Dans la voiture.

LA JEUNE FEMME *(inquiète)* : Mais, Sidney... qu'est-ce qu'il t'arrive ?

Intérieur, cerveau.

OPÉRATEUR : Gardez les mains sur les seins, bon sang !
AIGUILLEUR : Bien reçu. Vous savez, on a un pépin respiratoire.

Intérieur, cœur.

Image du cœur agrandi, qui palpite.

TECHNICIEN CŒUR : On a dépassé la limite de vitesse ! Si vous n'obtenez pas une érection immédiate, moi, je ne réponds de rien !

Intérieur, cerveau.

AIGUILLEUR : Tous les systèmes en alerte !... Procédez à l'érection !

Intérieur, parties sexuelles.

Les manœuvres pataugent dans des flaques d'eau, tout en manipulant la manivelle du treuil.

CHEF D'ÉQUIPE : Allez-y, les gars ! Encore un effort ! Faut qu'on la mette droite !

Un ingénieur fait irruption, un extincteur sur l'épaule.

INGÉNIEUR : Vous le faites exprès, ma parole ! Nom de Dieu, on vous demande une é-rec-tion !
CHEF D'ÉQUIPE : On a besoin d'un coup de main du cerveau. Vous avez vérifié si tout va bien dans l'estomac ?

Intérieur, estomac.

L'équipe s'affaire à nettoyer toute trace de nourriture.

CHEF D'ÉQUIPE ESTOMAC : Facteurs stomacaux en bon état de marche.
UN HOMME D'ÉQUIPE : Euh, quelques aigreurs tout de même, avec l'escalope florentine.

Dans la voiture.

LA JEUNE FEMME : Sincèrement, Sidney, je ne trouve pas ça drôle. Maintenant, embrasse-moi.

Intérieur, cerveau.

Levant les yeux de son écran de contrôle, un technicien crie à la cantonade :

TECHNICIEN : Angle d'érection : quarante-cinq degrés !
CHEF DE CENTRE : Pouvons-nous tenter la pénétration ?
OPÉRATEUR : Parés pour pénétration.

Intérieur, salle de lancement du sperme.

SPERMATOZOÏDE 1 : Eh bien, on dirait que le moment est arrivé.
SPERMATOZOÏDE 2 : Les gars, vous savez à quoi ça ressemble, là-dehors ?
SPERMATOZOÏDE 1 : D'après ce qu'ils nous ont dit à l'école d'entraînement, c'est un ovule.

SPERMATOZOÏDE 2 : J'ai peur. Je ne veux pas y aller.
SPERMATOZOÏDE 1 : C'est pourtant pour ça qu'on a subi cet entraînement !
SPERMATOZOÏDE 2 : Ouais, mais qui sait ce qu'il va nous arriver, là-bas ?
SPERMATOZOÏDE 1 : T'as vu les diapos, en classe.
SPERMATOZOÏDE 2 : Ouais, mais on entend quand même de drôles d'histoires, tu sais ! Comme cette pilule que prennent les femmes. Ou alors tous ces copains qui viennent buter contre un sac en caoutchouc...
SPERMATOZOÏDE 1 : Tout ça, c'est des histoires !
SPERMATOZOÏDE 2 : Ou alors... si c'est un coït homosexuel ?
SPERMATOZOÏDE 1 : Écoute, c'est plus le moment de douter de notre mission ! Quand tu as signé au centre d'entraînement du sperme, tu as fait le serment de fertiliser un ovule ou de mourir !

Le spermatozoïde 2 recule. Le 1 et le 3 l'empoignent. Il se débat.

SPERMATOZOÏDE 2 : Non ! Je meurs de trouille ! Je ne veux pas aller là-bas !

Intérieur, organes sexuels.

L'équipe, toujours luttant contre la manivelle du treuil.

MANŒUVRE 2 : On est bien trop bas pour risquer cette pénétration. Les types n'en peuvent plus !

CHEF D'ÉQUIPE : Nous devons tenir !
MANŒUVRE 2 : Il nous faudrait un bon paquet de stimulation par le centre du plaisir...
CHEF D'ÉQUIPE *(au micro)* : Organes sexuels à cerveau : re-stimulez, par succion s'il le faut ! Urgent !

Intérieur, cerveau.

OPÉRATEUR : Préparez-vous à lui peloter les doudounes.
AIGUILLEUR : On est sur les seins. On pelote sec.
OPÉRATEUR : Attention, bouche, attention, bouche. Soufflez-lui dans l'oreille.
AIGUILLEUR : Érection à quarante-cinq degrés... et ça continue à monter.
OPÉRATEUR : Réajustez la bouche ; on a raté son oreille, on lui souffle dans le nez.
AIGUILLEUR : Tentative de pénétration !

Intérieur, organes sexuels.

Dans l'eau jusqu'aux mollets, les manœuvres s'échinent sur le treuil.

CHEF D'ÉQUIPE : Enfoncez !
MANŒUVRE 2 : A tous les coups, ça va foirer. Mauvais angle d'attaque...

Intérieur, salle de lancement du sperme.

Des portes coulissent. Tous les spermatozoïdes courent dans le tunnel pour aller prendre leur place à l'orifice de lancement.

SPERMATOZOÏDE 4 : Hourrah ! On va faire des bébés !

Intérieur, cerveau.

OPÉRATEUR : Ici, Mission Contrôle. Pénétration !

Intérieur, organes sexuels.

MANŒUVRE 2 : On n'y arrivera pas ! C'est inutile !
MANŒUVRE 3 : Tenez bon, les mecs, ça mollit !

Intérieur, salle de lancement du sperme.

Déséquilibrés, les spermatozoïdes tombent les uns sur les autres. Ils se relèvent tant bien que mal.

SPERMATOZOÏDE NOIR : Mais qu'est-ce que je fiche ici, moi ? Qu'est-ce que je fiche ici ?

Intérieur, organes sexuels.

Le chef d'équipe harangue ses tourneurs de manivelle.

CHEF D'ÉQUIPE : Activez, les gars, elle retombe !... Levez-la ! Plus haut ! C'est pas le bout du monde !

Intérieur, cerveau.

OPÉRATEUR : Ça ne sert à rien, on la perd ! Commencez à préparer un alibi pour sauver la face !

Deux gardiens armés surviennent, encadrant un ecclésiastique.

GARDIEN 1 : Nous venons de le trouver en train de saboter les instruments du cortex cérébral. Il avait branché le réflexe de culpabilité.
LE PRÊTRE : C'est un mensonge ! Je n'ai jamais touché à rien.
GARDIEN 1 : Il ment, chef.
LE PRÊTRE : Je travaille sous les ordres de la Conscience.
GARDIEN 1 : Nous avons trouvé la Conscience ligotée sur sa chaise. Il l'avait assommée.
OPÉRATEUR : C'est vrai ?
LE PRÊTRE : Et même si ça l'était ? Vous ne pensez pas que vous devriez avoir honte de tout ça ? Des relations sexuelles hors du mariage ? Pervertir une femme innocente et l'assaillir d'une façon brutale, sadique, hérétique ! C'est... blasphématoire !

OPÉRATEUR : Enfermez-moi ce dingue. Le sabotage est terminé.

Les gardiens entraînent le prêtre qui se débat.

LE PRÊTRE *(hurlant)* : Du blasphème ! C'est du blasphème !

Tous les techniciens regagnent leurs postes.

OPÉRATEUR : Allez-y pleins gaz ! En avant toute !

Dans la voiture.

La jeune femme, dénudée, gémit de plaisir.

Intérieur, salle de lancement du sperme.

SPERMATOZOÏDE 1 : Et nous voilà repartis !
SPERMATOZOÏDE 2 : Moi, j'y vais pas. Je ne veux pas être lancé dans l'inconnu !

MUSIQUE

SPERMATOZOÏDE 2 *(suite)* : Et s'il est en train de se masturber ? Je risque de me retrouver tartiné au plafond...
SPERMATOZOÏDE 1 : Prends ta place.
SPERMATOZOÏDE 2 : Jamais de la vie !
SPERMATOZOÏDE 1 : Un peu de dignité, ressaisis-toi !

SPERMATOZOÏDE 2 : Mes amis, mes frères, il fait noir, là-dehors. Oh ! je ne pourrai jamais !
SPERMATOZOÏDE 1 : Ta gueule.
SPERMATOZOÏDE 2 : Mes parents m'attendent pour dîner.

Intérieur, organes sexuels.

Manivelle. Treuil. Efforts soutenus par le chef d'équipe.

CHEF D'ÉQUIPE : Ho hisse... Ho hisse... Ho hisse...
CHŒUR DES MANŒUVRES : Mes yeux ont vu la gloire de l'arrivée du Seigneur... Glory, glory, alleluia !

Dans la voiture.

La jeune femme, en pleine extase, halète et gémit. Elle mord une mèche de ses propres cheveux. On entend off le chant vainqueur des manœuvres :

CHŒUR DES MANŒUVRES *(off)* : Il a foulé les grappes des raisins de la colère... Rien n'arrêtera sa victoire... Glory, glory, alleluia !

La main de Sidney caresse les lèvres de la jeune femme, qui embrasse la main de l'homme, en gémissant.

Intérieur, cerveau.

OPÉRATEUR : On est rentrés ! On y est arrivés ! Tout baigne !

Dans la voiture.

Au comble du plaisir, la jeune femme ouvre les yeux et pousse un cri aigu.

Intérieur, cerveau.

OPÉRATEUR : J'appelle la mémoire. Qu'il pense à un match de base-ball pour éviter une éjaculation précoce.

Intérieur, salle de lancement du sperme.

Les spermatozoïdes attendent l'instant fatidique. L'un d'eux (le n° 2) joue à l'harmonica une mélodie plaintive.

MUSIQUE

Intérieur, cerveau.

AIGUILLEUR : Je ne peux pas tenir plus longtemps. Tenez-vous prêts pour le lancement du sperme...

Il égrène une liste de joueurs de base-ball.

AIGUILLEUR : Willie Mays, Joe Namath, Mickey Mantle, Joe DiMaggio...

Intérieur, salle de lancement du sperme.

La porte est grande ouverte sur l'extérieur. Les spermatozoïdes, tels des parachutistes, se jettent dans le vide, les uns après les autres.

SPERMATOZOÏDE 1 : A plus tard dans l'ovaire, les mecs !
SPERMATOZOÏDE 3 : Garde-moi un œuf !
SPERMATOZOÏDE 2 *(regardant au-dehors)* : Bon, au moins c'est un juif !

Il saute à son tour.

Dans la voiture.

Gros plan de la jeune femme, encore haletante, éperdue de jouissance et de reconnaissance.

Intérieur, cœur.

Les techniciens du cœur débranchent les circuits additionnels.

Intérieur, cerveau.

Explosion de joie et de soulagement chez tous les techniciens.

Dans la voiture.

La main de l'homme allume un briquet et donne du feu à la jeune femme, laquelle tire une longue bouffée de sa cigarette.

Intérieur, cerveau.

L'équipe arrose sa victoire, dans un joyeux tumulte.

OPÉRATEUR : Appel général. Je réclame toute votre attention ! Ici, Mission Contrôle. Je tiens simplement à tous vous féliciter pour un excellent travail, parfaitement exécuté. Je le dis très sincèrement, ce n'était pas dans la poche, mais on s'en est sortis.
CHEF DE CENTRE *(riant)* : Ma foi, cette fille en valait la peine.

Il jette un coup d'œil dans le binoculaire et voit :

Dans la voiture.

LA JEUNE FEMME : Sidney, c'était fantastique. J'ai encore envie ; si on recommençait ?

Intérieur, cerveau.

Le chef de centre crie, pour dominer le brouhaha des techniciens.

CHEF DE CENTRE : Hé ! Tout le monde à son poste ! On remet le couvert !
OPÉRATEUR : Attention, j'appelle tous les systèmes. Tout le monde à son poste. A vos postes immédiatement ! *(A la cantonade :)* Donnez-moi un numéro de code procédure !
TECHNICIEN : 4, 5.
OPÉRATEUR : Numéro de code : 4, 5, ça semble opérationnel. On va doubler le coup. Attention, gonades ! On va pulvériser un record !

FONDU AU NOIR

Les petits lapins blancs du début envahissent l'écran, frétillant, s'ébattant, batifolant. C'est sur cette image que se déroulera le générique de fin, accompagné par la chanson du film.

CHANTEUR

Nous voilà cool
Loin de la foule :
Nul indiscret
Pour déranger...
Soyons osés !

les interprètes

woody allen : victor ; fabrizio ;
le fou ; spermatozoïde 2
john carradine : docteur bernardo
lou jacobi : sam
louise lasser : gina
anthony quayle : le roi
tony randall : opérateur
lynn redgrave : la reine
burt reynolds : aiguilleur
gene wilder : docteur ross

CHANTEUR

Tes yeux fripons
Pervers me font ;
C'est contagieux.
Soyons vicieux !

jack barry : lui-même
erin fleming : la jeune femme
elaine giftos : madame ross
toni holt : elle-même
robert q. lewis : lui-même
heather macrae : elle-même
pamela mason : elle-même
sidney miller : george
regis philbin : lui-même

CHANTEUR

Quand Adam Ève aima
Cocuage point ne pensa.
Il ne vit pas de trahison
Dans ces pommes hors saison !
Faisons les fous !

titos vandis : milos
stanley adams : chef d'équipe estomac
oscar beregi : contrôle du cerveau
alan caillou : le père du fou
geoffrey holder : l'enchanteur
jay robinson : le prêtre
ref sanchez : igor
don chuy : footballeur
baruch lumet : rabbi baumel
tom mack : footballeur
robert walden : spermatozoïde
h.e. west : bernard jaffe

CHANTEUR

Le printemps, dit-on,
Excite les oisillons ;

Imitons les piverts :
Soyons pervers !

chanson du générique : *let's misbehave*
cole porter - rcs records

FIN DE LA MUSIQUE
FIN

Table

COMPOSITION : CHARENTE-PHOTOGRAVURE À ANGOULÊME
IMPRESSION : BRODARD ET TAUPIN À LA FLÈCHE
DÉPÔT LÉGAL : AVRIL 1990. Nº 12022 (1851C-5)

Collection Points

SÉRIE POINT-VIRGULE

V1. Manuel de savoir-vivre à l'usage des rustres et des malpolis, *par Pierre Desproges*
V2. Petit Fictionnaire illustré, *par Alain Finkielkraut*
V3. Quand j'avais cinq ans, je m'ai tué *par Howard Buten*
V4. Lettres à sa fille (1877-1902), *par Calamity Jane*
V5. Café Panique, *par Roland Topor*
V6. Le Jardin de ciment, *par Ian McEwan*
V7. L'Age-déraison, *par Daniel Rondeau*
V8. Juliette a-t-elle un grand Cui ?, *par Hélène Ray*
V9. T'es pas mort !, *par Antonio Skarmeta*
V10. Petite Fille rouge avec un couteau, *par Myrielle Marc*
V11. Manuel à l'usage des enfants qui ont des parents difficiles, *par Jeanne Van den Brouck*
V12. Le A nouveau est arrivé *par Pierre Ziegelmeyer et Jean-Benoît Thirion*
V13. Comment faire l'enfant (17 leçons pour ne pas grandir) *par Delia Ephron*
V14. Zig-Zag, *par Alain Cahen*
V15. Plumards, de cheval, *par Groucho Marx*
V16. Bleu, je veux, *par Gisèle Bienne*
V17. Moi et les Autres, *par Albert Jacquard*
V18. Au vrai chic anatomique, *par Frédéric Pagès*
V19. Le Petit Pater illustré, *par Jacques Pater*
V20. Cherche souris pour garder chat, *par Hélène Ray*
V21. Un enfant dans la guerre, *par Saïd Ferdi*
V22. La Danse du coucou, *par Aidan Chambers*
V23. Mémoires d'un amant lamentable, *par Groucho Marx*
V24. Le Cœur sous le rouleau compresseur *par Howard Buten*
V25. Le Cinéma américain. Les années cinquante *par Olivier-René Veillon*
V26. Voilà un baiser, *par Anne Perry-Bouquet*
V27. Le Cycliste de San Cristobal *par Antonio Skarmeta*
V28. Tchao l'enfance, craignos l'amour, *par Delia Ephron*
V29. Mémoires capitales, *par Groucho Marx*
V30. Dieu, Shakespeare et moi, *par Woody Allen*
V31. Dictionnaire superflu à l'usage de l'élite et des bien nantis, *par Pierre Desproges*

V32. Je t'aime, je te tue, *par Morgan Sportès*
V33. Rock-vinyl (Pour une discothèque du rock) *par Jean-Marie Leduc*
V34. Le Manuel du parfait petit masochiste *par Dan Greenburg*
V35. L'Oiseau Canadèche, *par Jim Dodge*
V36. Des sous et des hommes, *par Jean-Marie Albertini*
V37. De l'univers à nous, *par Robert Clarke*
V38. Pour en finir une bonne fois pour toutes avec la culture, *par Woody Allen*
V39. Le Gone du Chaâba, *par Azouz Begag*
V40. Le Cinéma américain. Les années trente *par Olivier-René Veillon*
V41. Mistral gagnant, chansons et dessins, *par Renaud*
V42. Les Aventures d'Adrian Mole, 15 ans *par Sue Townsend*
V43. Le Palais des claques, *par Pascal Bruckner*
V44. La Cuisine cannibale, *par Roland Topor*
V45. Le Livre d'Étoile, *par Gil Ben Aych*
V46. Les Dingues du nonsense, *par Robert Benayoun*
V47. Le Grand Cerf-volant, *par Gilles Vigneault*
V48. Comment choisir son psychanalyste *par Oreste Saint-Drôme*
V49. Slapstick, *par Buster Keaton*
V50. Chroniques de la haine ordinaire *par Pierre Desproges*
V51. Cinq Milliards d'Hommes dans un vaisseau *par Albert Jacquard*
V52. Rien à voir avec une autre histoire *par Griselda Gambaro*
V53. Comment faire son alyah en vingt leçons *par Moshé Gaash*
V54. A rebrousse-poil *par Roland Topor et Henri Xhonneux*
V55. Vive la sociale !, *par Gérard Mordillat*
V56. Ma gueule d'atmosphère, *par Alain Gillot-Pétré*
V57. Le Mystère Tex Avery, *par Robert Benayoun*
V58. Destins tordus, *par Woody Allen*
V59. Comment se débarrasser de son psychanalyste *par Oreste Saint-Drôme*
V60. Boum !, *par Charles Trenet*
V61. Catalogue des idées reçues sur la langue, *par Marina Yaguello*
V62. Mémoires d'un vieux con, *par Roland Topor*
V63. Le Cinéma américain. Les années quatre-vingt *par Olivier-René Veillon*

V64. Le Temps des noyaux, *par Renaud*
V65. Une ardente patience, *par Antonio Skarmeta*
V66. A quoi pense Walter ?, *par Gérard Mordillat*
V67. Les Enfants, oui ! L'Eau ferrugineuse, non ! *par Anne Debarède*
V68. Dictionnaire du français branché, *par Pierre Merle*
V69. Béni ou le paradis privé, *par Azouz Begag*
V70. Idiomatics français-anglais, *par Initial Groupe*
V71. Idiomatics français-allemand, *par Initial Groupe*
V72. Idiomatics français-espagnol, *par Initial Groupe*
V73. Abécédaire de l'ambiguïté, *par Albert Jacquard*
V74. Je suis une étoile, *par Inge Auerbacher*
V75. Le Roman de Renaud, *par Thierry Séchan*
V76. Bonjour Monsieur Lewis, *par Robert Benayoun*
V77. Monsieur Butterfly, *par Howard Buten*
V78. Des femmes qui tombent, *par Pierre Desproges*
V79. Le Blues de l'argot, *par Pierre Merle*
V80. Idiomatics français-italien, *par Initial Groupe*
V81. Idiomatics français-portugais, *par Initial Groupe*
V82. Les Folies-Belgères, *par Jean-Pierre Verheggen*
V83. Vous permettez que je vous appelle Raymond ? *par Antoine de Caunes et Albert Algoud*
V84. Histoire de lettres, *par Marina Yaguello*
V85. Tout ce que vous avez toujours voulu savoir sur le sexe sans jamais oser le demander, *par Woody Allen*

Collection Points

SÉRIE ROMAN

DERNIERS TITRES PARUS

R27. Le Turbot, *par Günter Grass*
R28. Le Parc, *par Philippe Sollers*
R29. Ti Jean L'horizon, *par Simone Schwarz-Bart*
R30. Affaires étrangères, *par Jean-Marc Roberts*
R31. Nedjma, *par Kateb Yacine*
R32. Le Vertige, *par Evguénia Guinzbourg*
R33. La Motte rouge, *par Maurice Genevoix*
R34. Les Buddenbrook, *par Thomas Mann*
R35. Grand Reportage, *par Michèle Manceaux*
R36. Isaac le mystérieux (Le ver et le solitaire)
par Jerome Charyn
R37. Le Passage, *par Jean Reverzy*
R38. Chesapeake, *par James A. Michener*
R39. Le Testament d'un poète juif assassiné
par Elie Wiesel
R40. Candido, *par Leonardo Sciascia*
R41. Le Voyage à Paimpol, *par Dorothée Letessier*
R42. L'Honneur perdu de Katharina Blum
par Heinrich Böll
R43. Le Pays sous l'écorce, *par Jacques Lacarrière*
R44. Le Monde selon Garp, *par John Irving*
R45. Les Trois Jours du cavalier, *par Nicole Ciravégna*
R46. Nécropolis, *par Herbert Lieberman*
R47. Fort Saganne, *par Louis Gardel*
R48. La Ligne 12, *par Raymond Jean*
R49. Les Années de chien, *par Günter Grass*
R50. La Réclusion solitaire, *par Tahar Ben Jelloun*
R51. Senilità, *par Italo Svevo*
R52. Trente Mille Jours, *par Maurice Genevoix*
R53. Cabinet Portrait, *par Jean-Luc Benoziglio*
R54. Saison violente, *par Emmanuel Roblès*
R55. Une comédie française, *par Éric Orsenna*
R56. Le Pain nu, *par Mohamed Choukri*
R57. Sarah et le Lieutenant français, *par John Fowles*
R58. Le Dernier Viking, *par Patrick Grainville*
R59. La Mort de la phalène, *par Virginia Woolf*
R60. L'Homme sans qualités, tome 1, *par Robert Musil*
R61. L'Homme sans qualités, tome 2, *par Robert Musil*

R62. L'Enfant de la mer de Chine, *par Didier Decoin*
R63. Le Professeur et la Sirène
par Giuseppe Tomasi di Lampedusa
R64. Le Grand Hiver, *par Ismaïl Kadaré*
R65. Le Cœur du voyage, *par Pierre Moustiers*
R66. Le Tunnel, *par Ernesto Sabato*
R67. Kamouraska, *par Anne Hébert*
R68. Machenka, *par Vladimir Nabokov*
R69. Le Fils du pauvre, *par Mouloud Feraoun*
R70. Cités à la dérive, *par Stratis Tsirkas*
R71. Place des Angoisses, *par Jean Reverzy*
R72. Le Dernier Chasseur, *par Charles Fox*
R73. Pourquoi pas Venise, *par Michèle Manceaux*
R74. Portrait de groupe avec dame, *par Heinrich Böll*
R75. Lunes de fiel, *par Pascal Bruckner*
R76. Le Canard de bois (Les Fils de la Liberté, I)
par Louis Caron
R77. Jubilee, *par Margaret Walker*
R78. Le Médecin de Cordoue, *par Herbert Le Porrier*
R79. Givre et Sang, *par John Cowper Powys*
R80. La Barbare, *par Katherine Pancol*
R81. Si par une nuit d'hiver un voyageur, *par Italo Calvino*
R82. Gerardo Laïn, *par Michel del Castillo*
R83. Un amour infini, *par Scott Spencer*
R84. Une enquête au pays, *par Driss Chraïbi*
R85. Le Diable sans porte (tome 1 : Ah, mes aïeux !)
par Claude Duneton
R86. La Prière de l'absent, *par Tahar Ben Jelloun*
R87. Venise en hiver, *par Emmanuel Roblès*
R88. La Nuit du Décret, *par Michel del Castillo*
R89. Alejandra, *par Ernesto Sabato*
R90. Plein Soleil, *par Marie Susini*
R91. Les Enfants de fortune, *par Jean-Marc Roberts*
R92. Protection encombrante, *par Heinrich Böll*
R93. Lettre d'excuse, *par Raphaële Billetdoux*
R94. Le Voyage indiscret, *par Katherine Mansfield*
R95. La Noire, *par Jean Cayrol*
R96. L'Obsédé (L'Amateur), *par John Fowles*
R97. Siloé, *par Paul Gadenne*
R98. Portrait de l'artiste en jeune chien, *par Dylan Thomas*
R99. L'Autre, *par Julien Green*
R100. Histoires pragoises, *par Rainer Maria Rilke*
R101. Bélibaste, *par Henri Gougaud*
R102. Le Ciel de la Kolyma (Le Vertige, II)
par Evguénia Guinzbourg

R103. La Mulâtresse Solitude, *par André Schwarz-Bart*
R104. L'Homme du Nil, *par Stratis Tsirkas*
R105. La Rhubarbe, *par René-Victor Pilhes*
R106. Gibier de potence, *par Kurt Vonnegut*
R107. Memory Lane
par Patrick Modiano, dessins de Pierre Le-Tan
R108. L'Affreux Pastis de la rue des Merles
par Carlo Emilio Gadda
R109. La Fontaine obscure, *par Raymond Jean*
R110. L'Hôtel New Hampshire, *par John Irving*
R111. Les Immémoriaux, *par Victor Segalen*
R112. Cœur de lièvre, *par John Updike*
R113. Le Temps d'un royaume, *par Rose Vincent*
R114. Poisson-chat, *par Jerome Charyn*
R115. Abraham de Brooklyn, *par Didier Decoin*
R116. Trois Femmes, *suivi de* Noces, *par Robert Musil*
R117. Les Enfants du sabbat, *par Anne Hébert*
R118. La Palmeraie, *par François-Régis Bastide*
R119. Maria Republica, *par Agustin Gomez-Arcos*
R120. La Joie, *par Georges Bernanos*
R121. Incognito, *par Petru Dumitriu*
R122. Les Forteresses noires, *par Patrick Grainville*
R123. L'Ange des ténèbres, *par Ernesto Sabato*
R124. La Fiera, *par Marie Susini*
R125. La Marche de Radetzky, *par Joseph Roth*
R126. Le vent souffle où il veut, *par Paul-André Lesort*
R127. Si j'étais vous..., *par Julien Green*
R128. Le Mendiant de Jérusalem, *par Elie Wiesel*
R129. Mortelle, *par Christopher Frank*
R130. La France m'épuise, *par Jean-Louis Curtis*
R131. Le Chevalier inexistant, *par Italo Calvino*
R132. Le Dialogue des Carmélites, *par Georges Bernanos*
R133. L'Étrusque, *par Mika Waltari*
R134. La Rencontre des hommes, *par Benigno Cacérès*
R135. Le Petit Monde de Don Camillo
par Giovanni Guareschi
R136. Le Masque de Dimitrios, *par Eric Ambler*
R137. L'Ami de Vincent, *par Jean-Marc Roberts*
R138. Un homme au singulier, *par Christopher Isherwood*
R139. La Maison du désir, *par France Huser*
R140. Moi et ma cheminée, *par Herman Melville*
R141. Les Fous de Bassan, *par Anne Hébert*
R142. Les Stigmates, *par Luc Estang*
R143. Le Chat et la Souris, *par Günter Grass*
R144. Loïca, *par Dorothée Letessier*

R145. Paradiso, *par José Lezama Lima*
R146. Passage de Milan, *par Michel Butor*
R147. Anonymus, *par Michèle Manceaux*
R148. La Femme du dimanche
par Carlo Fruttero et Franco Lucentini
R149. L'Amour monstre, *par Louis Pauwels*
R150. L'Arbre à soleils, *par Henri Gougaud*
R151. Traité du zen et de l'entretien des motocyclettes
par Robert M. Pirsig
R152. L'Enfant du cinquième Nord, *par Pierre Billon*
R153. N'envoyez plus de roses, *par Eric Ambler*
R154. Les Trois Vies de Babe Ozouf, *par Didier Decoin*
R155. Le Vert Paradis, *par André Brincourt*
R156. Varouna, *par Julien Green*
R157. L'Incendie de Los Angeles, *par Nathanaël West*
R158. Les Belles de Tunis, *par Nine Moati*
R159. Vertes Demeures, *par Henry Hudson*
R160. Les Grandes Vacances, *par Francis Ambrière*
R161. Ceux de 14, *par Maurice Genevoix*
R162. Les Villes invisibles, *par Italo Calvino*
R163. L'Agent secret, *par Graham Greene*
R164. La Lézarde, *par Edouard Glissant*
R165. Le Grand Escroc, *par Herman Melville*
R166. Lettre à un ami perdu, *par Patrick Besson*
R167. Evaristo Carriego, *par Jorge Luis Borges*
R168. La Guitare, *par Michel del Castillo*
R169. Épitaphe pour un espion, *par Eric Ambler*
R170. Fin de saison au Palazzo Pedrotti, *par Frédéric Vitoux*
R171. Jeunes Années. Autobiographie 1, *par Julien Green*
R172. Jeunes Années. Autobiographie 2, *par Julien Green*
R173. Les Égarés, *par Frédérick Tristan*
R174. Une affaire de famille, *par Christian Giudicelli*
R175. Le Testament amoureux, *par Rezvani*
R176. C'était cela notre amour, *par Marie Susini*
R177. Souvenirs du triangle d'or, *par Alain Robbe-Grillet*
R178. Les Lauriers du lac de Constance, *par Marie Chaix*
R179. Plan B, *par Chester Himes*
R180. Le Sommeil agité, *par Jean-Marc Roberts*
R181. Roman Roi, *par Renaud Camus*
R182. Vingt Ans et des poussières
par Didier van Cauwelaert
R183. Le Château des destins croisés, *par Italo Calvino*
R184. Le Vent de la nuit, *par Michel del Castillo*
R185. Une curieuse solitude, *par Philippe Sollers*
R186. Les Trafiquants d'armes, *par Eric Ambler*

R187. Un printemps froid, *par Danièle Sallenave*
R188. Mickey l'Ange, *par Geneviève Dormann*
R189. Histoire de la mer, *par Jean Cayrol*
R190. Senso, *par Camillo Boito*
R191. Sous le soleil de Satan, *par Georges Bernanos*
R192. Niembsch ou l'immobilité, *par Peter Härtling*
R193. Prends garde à la douceur des choses *par Raphaële Billetdoux*
R194. L'Agneau carnivore, *par Agustin Gomez-Arcos*
R195. L'Imposture, *par Georges Bernanos*
R196. Ararat, *par D.M. Thomas*
R197. La Croisière de l'angoisse, *par Eric Ambler*
R198. Léviathan, *par Julien Green*
R199. Sarnia, *par Gerald Basil Edwards*
R200. Le Colleur d'affiches, *par Michel del Castillo*
R201. Un mariage poids moyen, *par John Irving*
R202. John l'Enfer, *par Didier Decoin*
R203. Les Chambres de bois, *par Anne Hébert*
R204. Mémoires d'un jeune homme rangé *par Tristan Bernard*
R205. Le Sourire du Chat, *par François Maspero*
R206. L'Inquisiteur, *par Henri Gougaud*
R207. La Nuit américaine, *par Christopher Frank*
R208. Jeunesse dans une ville normande *par Jacques-Pierre Amette*
R209. Fantôme d'une puce, *par Michel Braudeau*
R210. L'Avenir radieux, *par Alexandre Zinoviev*
R211. Constance D., *par Christian Combaz*
R212. Épaves, *par Julien Green*
R213. La Leçon du maître, *par Henry James*
R214. Récit des temps perdus, *par Aris Fakinos*
R215. La Fosse aux chiens, *par John Cowper Powys*
R216. Les Portes de la forêt, *par Elie Wiesel*
R217. L'Affaire Deltchev, *par Eric Ambler*
R218. Les amandiers sont morts de leurs blessures *par Tahar Ben Jelloun*
R219. L'Admiroir, *par Anny Duperey*
R220. Les Grands Cimetières sous la lune *par Georges Bernanos*
R221. La Créature, *par Étienne Barilier*
R222. Un Anglais sous les tropiques, *par William Boyd*
R223. La Gloire de Dina, *par Michel del Castillo*
R224. Poisson d'amour, *par Didier van Cauwelaert*
R225. Les Yeux fermés, *par Marie Susini*
R226. Cobra, *par Severo Sarduy*

R227. Cavalerie rouge, *par Isaac Babel*
R228. Tous les soleils, *par Bertrand Visage*
R229. Pétersbourg, *par Andréi Biély*
R230. Récits d'un jeune médecin, *par Mikhaïl Boulgakov*
R231. La Maison des prophètes, *par Nicolas Saudray*
R232. Trois Heures du matin à New York
par Herbert Lieberman
R233. La Mère du printemps, *par Driss Chraïbi*
R234. Adrienne Mesurat, *par Julien Green*
R235. Jusqu'à la mort, *par Amos Oz*
R236. Les Envoûtés, *par Witold Gombrowicz*
R237. Frontière des ténèbres, *par Eric Ambler*
R238. Les Deux Sacrements, *par Heinrich Böll*
R239. Cherchant qui dévorer, *par Luc Estang*
R240. Le Tournant, *par Klaus Mann*
R241. Aurélia, *par France Huser*
R242. Le Sixième Hiver
par Douglas Orgill et John Gribbin
R243. Naissance d'un spectre, *par Frédérick Tristan*
R244. Lorelei, *par Maurice Genevoix*
R245. Le Bois de la nuit, *par Djuna Barnes*
R246. La Caverne céleste, *par Patrick Grainville*
R247. L'Alliance, tome 1, *par James A. Michener*
R248. L'Alliance, tome 2, *par James A. Michener*
R249. Juliette, chemin des Cerisiers, *par Marie Chaix*
R250. Le Baiser de la femme-araignée, *par Manuel Puig*
R251. Le Vésuve, *par Emmanuel Roblès*
R252. Comme neige au soleil, *par William Boyd*
R253. Palomar, *par Italo Calvino*
R254. Le Visionnaire, *par Julien Green*
R255. La Revanche, *par Henry James*
R256. Les Années-lumière, *par Rezvani*
R257. La Crypte des capucins, *par Joseph Roth*
R258. La Femme publique, *par Dominique Garnier*
R259. Maggie Cassidy, *par Jack Kerouac*
R260. Mélancolie Nord, *par Michel Rio*
R261. Énergie du désespoir, *par Eric Ambler*
R262. L'Aube, *par Elie Wiesel*
R263. Le Paradis des orages, *par Patrick Grainville*
R264. L'Ouverture des bras de l'homme
par Raphaële Billetdoux
R265. Méchant, *par Jean-Marc Roberts*
R266. Un policeman, *par Didier Decoin*
R267. Les Corps étrangers, *par Jean Cayrol*
R268. Naissance d'une passion, *par Michel Braudeau*

R269. Dara, *par Patrick Besson*
R270. Parias, *par Pascal Bruckner*
R271. Le Soleil et la Roue, *par Rose Vincent*
R272. Le Malfaiteur, *par Julien Green*
R273. Scarlett si possible, *par Katherine Pancol*
R274. Journal d'une fille de Harlem, *par Julius Horwitz*
R275. Le Nez de Mazarin, *par Anny Duperey*
R276. La Chasse à la licorne, *par Emmanuel Roblès*
R277. Red Fox, *par Anthony Hyde*
R278. Minuit, *par Julien Green*
R279. L'Enfer, *par René Belletto*
R280. Et si on parlait d'amour, *par Claire Gallois*
R281. Pologne, *par James A. Michener*
R282. Notre homme, *par Louis Gardel*
R283. La Nuit du solstice, *par Herbert Lieberman*
R284. Place de Sienne, côté ombre
par Carlo Fruttero et Franco Lucentini
R285. Meurtre au comité central
par Manuel Vásquez Montalbán
R286. L'Isolé soleil, *par Daniel Maximin*
R287. Samedi soir, dimanche matin, *par Alan Sillitoe*
R288. Petit Louis, dit XIV, *par Claude Duneton*
R289. Le Perchoir du perroquet, *par Michel Rio*
R290. L'Enfant pain, *par Agustin Gomez-Arcos*
R291. Les Années Lula, *par Rezvani*
R292. Michael K, sa vie, son temps, *par J. M. Coetzee*
R293. La Connaissance de la douleur
par Carlo Emilio Gadda
R294. Complot à Genève, *par Eric Ambler*
R295. Serena, *par Giovanni Arpino*
R296. L'Enfant de sable, *par Tahar Ben Jelloun*
R297. Le Premier Regard, *par Marie Susini*
R298. Regardez-moi, *par Anita Brookner*
R299. La Vie fantôme, *par Danièle Sallenave*
R300. L'Enchanteur, *par Vladimir Nabokov*
R301. L'Ile atlantique, *par Tony Duvert*
R302. Le Grand Cahier, *par Agota Kristof*
R303. Le Manège espagnol, *par Michel del Castillo*
R304. Le Berceau du chat, *par Kurt Vonnegut*
R305. Une histoire américaine, *par Jacques Godbout*
R306. Les Fontaines du grand abîme, *par Luc Estang*
R307. Le Mauvais Lieu, *par Julien Green*
R308. Aventures dans le commerce des peaux en Alaska
par John Hawkes
R309. La Vie et demie, *par Sony Labou Tansi*

R310. Jeune Fille en silence, *par Raphaële Billetdoux*
R311. La Maison près du marais, *par Herbert Lieberman*
R312. Godelureaux, *par Eric Ollivier*
R313. La Chambre ouverte, *par France Huser*
R314. L'Œuvre de Dieu, la part du Diable, *par John Irving*
R315. Les Silences ou la vie d'une femme, *par Marie Chaix*
R316. Les Vacances du fantôme, *par Didier van Cauwelaert*
R317. Le Levantin, *par Eric Ambler*
R318. Beno s'en va-t-en guerre, *par Jean-Luc Benoziglio*
R319. Miss Lonelyhearts, *par Nathanaël West*
R320. Cosmicomics, *par Italo Calvino*
R321. Un été à Jérusalem, *par Chochana Boukhobza*
R322. Liaisons étrangères, *par Alison Lurie*
R323. L'Amazone, *par Michel Braudeau*
R324. Le Mystère de la crypte ensorcelée
par Eduardo Mendoza
R325. Le Cri, *par Chochana Boukhobza*
R326. Femmes devant un paysage fluvial, *par Heinrich Böll*
R327. La Grotte, *par Georges Buis*
R328. Bar des flots noirs, *par Olivier Rolin*
R329. Le Stade de Wimbledon, *par Daniele Del Giudice*
R330. Le Bruit du temps, *par Ossip E. Mandelstam*
R331. La Diane rousse, *par Patrick Grainville*
R332. Les Éblouissements, *par Pierre Mertens*
R333. Talgo, *par Vassilis Alexakis*
R334. La Vie trop brève d'Edwin Mullhouse
par Steven Millhauser
R335. Les Enfants pillards, *par Jean Cayrol*
R336. Les Mystères de Buenos Aires, *par Manuel Puig*
R337. Le Démon de l'oubli, *par Michel del Castillo*
R338. Christophe Colomb, *par Stephen Marlowe*
R339. Le Chevalier et la Reine, *par Christopher Frank*
R340. Autobiographie de tout le monde, *par Gertrude Stein*
R341. Archipel, *par Michel Rio*
R342. Texas, tome 1, *par James A. Michener*
R343. Texas, tome 2, *par James A. Michener*
R344. Loyola's blues, *par Erik Orsenna*
R345. L'Arbre aux trésors, légendes, *par Henri Gougaud*
R346. Les Enfants des morts, *par Henrich Böll*
R347. Les Cent Premières Années de Niño Cochise
par A. Kinney Griffith et Niño Cochise
R348. Vente à la criée du lot 49, par *Thomas Pynchon*
R349. Confessions d'un enfant gâté
par Jacques-Pierre Amette
R350. Boulevard des trahisons, *par Thomas Sanchez*

R351. L'Incendie, *par Mohammed Dib*
R352. Le Centaure, *par John Updike*
R353. Une fille cousue de fil blanc, *par Claire Gallois*
R354. L'Adieu aux champs, *par Rose Vincent*
R355. La Ratte, *par Günter Grass*
R356. Le Monde hallucinant, *par Reinaldo Arenas*
R357. L'Anniversaire, *par Mouloud Feraoun*
R358. Le Premier Jardin, *par Anne Hébert*
R359. L'Amant sans domicile fixe
par Carlo Fruttero et Franco Lucentini
R360. L'Atelier du peintre, *par Patrick Grainville*
R361. Le Train vert, *par Herbert Lieberman*
R362. Autopsie d'une étoile, *par Didier Decoin*
R363. Un joli coup de lune, *par Chester Himes*
R364. La Nuit sacrée, *par Tahar Ben Jelloun*
R365. Le Chasseur, *par Carlo Cassola*
R366. Mon père américain, *par Jean-Marc Roberts*
R367. Remise de peine, *par Patrick Modiano*
R368. Le Rêve du singe fou, *par Christopher Frank*
R369. Angelica, *par Bertrand Visage*
R370. Le Grand Homme, *par Claude Delarue*
R371. La Vie comme à Lausanne, *par Erik Orsenna*
R372. Une amie d'Angleterre, *par Anita Brookner*
R373. Norma ou l'exil infini, *par Emmanuel Roblès*
R374. Les Jungles pensives, *par Michel Rio*
R375. Les Plumes du pigeon, *par John Updike*
R376. L'Héritage Schirmer, *par Eric Ambler*
R377. Les Flamboyants, *par Patrick Grainville*
R378. L'Objet perdu de l'amour, *par Michel Braudeau*
R379. Le Boucher, *par Alina Reyes*
R380. Le Labyrinthe aux olives, *par Eduardo Mendoza*
R381. Les Pays lointains, *par Julien Green*
R382. L'Épopée du buveur d'eau, *par John Irving*
R383. L'Écrivain public, *par Tahar Ben Jelloun*
R384. Les Nouvelles Confessions, *par William Boyd*
R385. Les Lèvres nues, *par France Huser*
R386. La Famille de Pascal Duarte, *par Camilo José Cela*
R387. Une enfance à l'eau bénite, *par Denise Bombardier*
R388. La Preuve, *par Agota Kristof*
R389. Tarabas, *par Joseph Roth*
R390. Replay, *par Ken Grimwood*
R391. Rabbit Boss, *par Thomas Sanchez*
R392. Aden Arabie, *par Paul Nizan*
R393. La Ferme, *par John Updike*
R394. L'Obscène Oiseau de la nuit, *par José Donoso*